U1009811

近代传教士出版研究

胡国祥 / 著

Jindai Chuanjiaoshi Chuban Yanjiu

華中師範大學出版社

新出图证(鄂)字 10 号

图书在版编目(CIP)数据

近代传教士出版研究/胡国祥 著.—武汉:华中师范大学出版社,2013.12
(出版科学建设丛书)

ISBN 978-7-5622-6428-6

Ⅰ.①近… Ⅱ.①胡… Ⅲ.①传教士—出版事业—文化史—研究—中国—近代 Ⅳ.①G239.295

中国版本图书馆 CIP 数据核字(2013)第 293002 号

近代传教士出版研究
胡国祥 著

责任编辑:苏 睿 封面设计:新视点
责任校对:王 胜 封面制作:胡 灿
编辑室:学术出版中心 电话:027－67863220
出版发行:华中师范大学出版社
社址:湖北省武汉市珞喻路 152 号 邮编:430079
电话:027－67863426/3280(发行部) 027－67861321(邮购)
传真:027－67863291
网址:http://www.ccnupress.com 电子信箱:hscbs@public.wh.hb.cn
印刷:湖北恒泰印务有限公司 督印:章光琼
字数:183 千字
开本:710 mm×1000 mm 1/16 印张:11.25
版次:2013 年 12 月第 1 版 印次:2013 年 12 月第 1 次印刷
定价:30.00 元

欢迎上网查询、购书

敬告读者:欢迎上网查询、购书;欢迎举报盗版,电话 027－67861321

内容摘要

本书的研究采用了“明确概念，回归主题”的研究方法。

第一章从“出版”一词的来源和使用情况两方面来考订其内涵。对出版概念的分析告诉我们，“出版”一词在欧洲是指作品的复制并向公众发行，在中国则既包括为向公众发行的复制，也包括单一的作品复制本身。这里所说的“作品”，在历史上主要是指图书，后来，期刊也成为一种主要的出版作品。报纸在其最初的阶段，也是出版史研究的一部分。在印刷术发明之前，“复制”主要是手抄，之后就主要是印刷了。因此，从出版的概念界定出发，本书认为出版史就是书报刊印刷、发行的历史。出版史的研究应紧紧围绕这一主题而展开。

在近代，中国出版经历了一个由传统到近代的发展过程，中国传统印刷出版是发展的基础，也是认识近代出版的背景。第二章对中国传统印刷和传统出版的特征进行简要的分析。中国传统印刷的最主要特征是以雕版印刷为主，中国传统出版的两个突出特点是出版主体的广泛性和出版目的的非赢利性，而雕版印刷的技术特征与传统出版的业态特征又是紧密联系的。

近代活字印刷技术的引入是中国近代出版发展中的一个关键环节。第三章的研究告诉我们：中文活字的研制主要是由传教士进行的，而且主要是在传教士的印刷出版活动中得到实际运用。经过三个阶段的不断改进与完善，传教士基本上解决了中文活字制造的问题，同时也发明了快捷实用的中文排版检字方法，为中文印刷使用西方近代活字印刷解决了最基本、最关键的技术问题，形成了较为成熟的中文活字印刷技术。第四、五章介绍了传教士出版，主要是传教士出版机构和出版物。在中国近代史上，“传教士”是一个内涵丰富、非常具有张力的概念。本书关注的“传教士出版”严格限定在传教士出版活动本身：本书是从专业出版史、行业史的视角来分析传教士出版，试图对传教士出版本身有一个尽量完整的描述。

第六章分析传教士出版的特征和贡献。本书以专业出版史或行业史的视角来分析和理解传教士出版的特点，以及传教士出版对于中国近代出版发展的贡献。

本书力图对作为中国近代出版史一部分的传教士出版有一个基本的认识和把握。

目　录

第一章　叙论：出版概念和出版史研究

以往的出版史研究有一个突出的问题，就是没有对“出版”这一概念作一个明确的界定，没有对出版史研究的主题作一个明确的认定。“出版”往往被当作一个不言自明的概念，论者往往以自己的理解为基础来使用，这样就造成了“出版”一词的空洞或过于宽泛，也造成了出版史研究的过于宽泛及出版史研究主体的缺失。最典型的一种观点认为：“举凡文字的产生、图书的起源、编辑的萌芽、出版业的形成、著名出版家的业绩、图书的编纂著述、整理校勘、抄写印刷、装帧设计、形式制度、贸易发行、典藏保护、流通利用以及各朝代的编纂刻书机构、组织管理、法规制度、出版业的优良传统、经验教训等都是出版史的研究课题。”① 在这样一种观念的支配下，一些出版史的著述都是从文字的产生写起的。如由新闻出版总署主持编撰、正在出版之中的《中国出版通史》（九卷）中，第一卷《先秦两汉卷》的内容主要是“文字的起源”、“编辑概念的考辨”及甲骨文、青铜器铭文、早期石刻文字的介绍等内容，这些内容其实都不应该是出版史研究的内容。

空洞的概念在一定意义上就是一个假概念，假概念带来的是假命题。为了不至于以一个假命题来做研究，本书采用了“明确概念，回归主题”的研究方法：首先弄清楚“出版”这一概念，在此基础上确定出版史研究的主题。

第一节　“出版”概念辨析

一、“出版”一词的来源

1.“出版”一词并非中文原词

这里有三条事证。第一，《辞源》（1981 年 12 月版）未收“出版”

---

① 肖东发、袁逸：《二十世纪中国出版史研究鸟瞰》，《北京大学学报（哲学社会科学版）》1999 年第 2 期。

条。《辞源》是一部古汉语词典，用来解释阅读古籍时关于词语典故和有关古代文物典章制度等知识性疑难问题，收词一般止于1840年。该辞典收有“刊行”、“板本”、“印板”、“镌印”、“雕版”、“刊刻”等词，独缺“出版”，可见“出版”一词，确非古已有之。第二，《书林清话》中未见“出版”一词。《书林清话》的作者是清末学者叶德辉，他在书中对古籍版本所用的各种术语名称进行比勘考辨、追根溯源，第一次较系统地论述了我国古代雕版书籍的各项专门知识，对书籍从收藏、校勘、刻版、印刷、装订、购买、鉴别、保存等诸方面都有较为详细的论述，但不见“出版”一词。第三，《唐话辞书类集》也未见“出版”一词。从18世纪起，日本出于吸收中国文化，有益于对外交往的需要，搜集很多汉语词汇加上日文对照汇编成各类辞书，作为学习汉语言文字的工具书使用。现据长泽规矩也编辑的《唐话辞书类集》(20集）所收《唐话纂要》、《汉字和训》(均为1718年版)、《唐音雅俗语类》(1726年版)、《学语篇》(1772年版)、《徒杠字汇》(1860年版式)，以及《两国译通》、《译官杂字簿》、《南山考讲记》等书，收集了源自汉语的“书本”、“版本”、“经书”、“开版”、“活版”、“镂版”、“刻印版”、“刻工”、“印刷”、“装订”、“书贾”等行业用词，独不见“出版”一词①。

2.“出版”一词借自日本

据高名凯、刘正埮合著的《现代汉语外来词研究》考证，现代汉语中有外来词1 270个，其中来自日本的有459个，占35%。另一位学者王立达得出的结论是，来自日本的现代汉语外来词有588个，还有的学者得出的结论是844个②。从日本而来的现代汉语外来词到底有多少并不是我们要关心的，这里要探寻的是，“出版”一词如何从日本而来?

日语来源的现代汉语外来词有三种类型。一是纯粹日语来源的现代汉语外来词，如“化妆品”、“道具”等。二是日本人用古代汉语原有的词去“意译”欧美语言的词，再由中国人根据这些日语的外来词而改造的现代汉语外来词，如“文学”、“铅笔”等。这类词有一个特点，就是作为一个现代汉语外来词，虽然字词本身没有改变，但词义却发生了变化。例如“铅笔”，在古代就是指“用铅做的笔”，但作为外来词，现代

① 朱光暄等：《“出版”探源》，《出版发行研究》1988年第5期。
② 转引自吉少甫：《“出版”考（续)》，《出版发行研究》1991年第5期。

汉语中的“铅笔”是指“pencil”，而“pencil”指的并不是用铅做的笔，而是用炭材料做的笔。三是先由日本人以汉字的配合去“意译”（或部分的“音译”）欧美语言的词，再由中国人搬进现代汉语里，加以改造而成的现代汉语外来词，如“抽象”、“义务”等。这类外来词在来源于日语的外来词中是最多的，其特点是，它与现代汉语具有最大的相融性。“出版”一词就属于这一类。①

这就是说，是日本人用了汉语中的“出”和“版”组成“出版”一词来翻译了英文中的“publish”，然后中国人又将“出版”借用过来。这类词有两个特点：第一，它充分体现了汉语和日语是相互影响的。因此，我们最好不说“出版”一词来源于日语，因为日本人民用“出版”一词来翻译欧美对应词时，本身就是借用了汉语的字。正因为如此，意大利语言学家马西尼（Federico Masini）在《现代汉语词汇的形成——十九世纪汉语外来词研究》中说：

> 出版，publish，shuppan，双音节词，动宾结构，来自日语的原语汉字借词，动词。……这是一个来自日语的原语借词。②

马西尼两次强调“来自日语的原语（汉字）借词”，说的就是这种相互影响。第二，这类词因为与现代汉语具有最大的融合性，所以几乎看不到它的外来词的痕迹，由此有时甚至完全忽视了它的外来词特性。与这两个特点相联系的是以下两个问题：一方面，文字的相互影响体现的是文化的相互影响；另一方面，因为具有最大的融合性，因为没有外来词的痕迹，所以往往容易从构词上去望文生义。

在“出版”一词的理解上，就充分体现了这一类来自日本的外来词的特征。这一点将在后面作进一步叙述。

二、“出版”一词的义涵

1.“出版”一词在清末的使用情况

我们从“出版”一词的使用情况来分析它的义涵。“出版”一词借自

---

① 高名凯、刘正埮：《现代汉语外来词研究》，北京：文字改革出版社，1958年，第79—98页。

② （意）马西尼：《现代汉语词汇的形成——十九世纪汉语外来词研究》，上海：汉语大词典出版社，1997年，第196页。

日本，中国人是何时开始借用、使用“出版”一词？据王益①先生考证，中国人最早使用“出版”一词的是黄遵宪，时间是1879年。黄遵宪是在与日本友人龟谷的笔谈中用了“出版”一词的。龟谷问：“阁下近来有何著述？”黄答：“近来方编《日本国志》。”又问：“所引用之书已备否？”黄答：“其不备不全者，当一一请教。”龟谷接着谈到，他原来打算编一部完整的日本历史书，收集了大量资料，都在一场火灾中化为乌有。黄接着说：“是太可惜！今日内务府出版之书，层出不穷，无一人为此事，亦一大憾事。”②

分析黄遵宪首次使用之后一直到“民国”三年（1914年）袁世凯制定公布《出版法》这段时期，“出版”一词在中国的使用情形，发现有以下两个特点。

第一，“出版”一词的使用还不是很普遍。证据之一是，清末名流汪康年大半生从事新闻出版，其往来书信收藏有3 000件，其中未见“出版”一词，但多处见到“出”字。如1896年劳乃宣信：“嗣后出书，想可寄宁也。……”③证据之二是，在大多数情况下，多是用的“刊行”、“印行”等传统用词。光绪二十二年（1896年），清政府受美国总领事之托颁布《严禁翻刻新著书籍告示》以保护传教士编印的畅销图书，告示云：

> 钦命二品顶戴江南分巡苏松太兵备道兼办机器制造局刘为出示谕禁事：本年十二月十八日接美领佑来函：据本国林教士禀：“《中东战纪本末》暨《文学兴国策》计订十本，倩图书集成局刊印行世。曾登告白，无论何人，不得翻印，如违禀究。兹尚有《中东战纪本末续编》两本一并行世，近闻有书贾翻刻冀图渔得，请饬查示禁”

---

① 王益：江苏无锡人，1917年生。1935年入上海生活书店，开始从事出版工作，历任新知书店分店经理、中共华中局宣传部出版科副科长、新华书店总店总经理、国家出版局副局长、新闻出版总署顾问。他编著的著作有《出版工作基本知识》、《战争年代的山东新华书店》、《王益印刷文集》、《王益出版发行文集》等。

② 王益：《“出版”再探源》，《出版发行研究》1999年第6期。吉少甫认为是梁启超在1899年的《自由书》中第一次使用“出版”一词。见《“出版”考（续）》，《出版发行研究》1991年第5期。

③ 上海图书馆编：《汪康年师友书札》，上海：上海古籍出版社，1986年，第2 175页。

等由，到道，除函复并分行外，合行出示计分谕禁，为此示。仰书贾坊铺人等，一体知悉：尔等须知，教士所著前项书籍煞费经营，始能成编行世。既登明告白，不准翻印，尔待何得取巧翻版，希图渔利。自示之后，切勿再将前书翻印出售，致干究罚，切切，特示。①

告示中用的是“刊印行世”、“成编行世”等词。光绪三十一年（1905 年）三月，小说林社也申请了上海地方政府的版权保护：

钦命二品顶戴江南分巡苏松太兵备道兼办机器制造局刘为出监督江海关袁为给示谕禁事：据职商孟芝熙禀称：窃职等以输灌文明、开通风气，推小说为最。……嗣后凡本社印行，不准他人翻刻。为此仰书贾人等，一体知尔等须知悉，毋得将小说林所印各书翻刻渔利，如敢故违，一经查出，定行究罚不贷。其各凛遵，切切，特示。②

告示中用的是“印行”一词。

证据之三是，严复在《自由论》中仍将 Publish 一词译为“刊布”。约翰·弥尔顿的《自由论》1899 年由严复据英文原著译出，中间因译稿一度丢失，直到 1903 年才由商务印书馆出版。严复在《译凡例》中说：“此译成于庚子前，既脱稿而未删润，嗣而乱作，与群籍俱散失矣。适为西人所得，至癸卯春，邮以见还，乃略加改削，以之出版行世。”有意思的是，书中的几处 Publish 均译为“刊布”，但后四年写的凡例中有了“出版行世”一词。③

翻检当时的一些文字发现，在谈到一本书的“出版”时，用词不是规范一律的，但大多不外乎“刊印行世”、“成编行世”、“印行”、“印行问世”、“刊行问世”、“刊行”、“刊印”等这一类的词。这些词在一定程度上也可以换用成“出版”。

第二，“出版”一词在使用中具有不确定性。这一点在晚清及民初的几部专业法规中体现得很充分。

---

① 载光绪二十三年正月（1897 年 2 月）《万国公报》第 97 卷。

② 转引自潘建国：《古代小说文献丛考》，北京：中华书局，2006 年，第 215 页。

③ 据林穗芳：《中外编辑出版研究》，武汉：华中师范大学出版社，1998 年，第 17 页。

光绪三十二年（1906 年），清廷颁布了《大清印刷物件专律》[①]（以下简称《专律》）。仔细研读《专律》条文，发现它有以下两个特点。

首先，从规范对象和涉及内容来看，它不是一部印刷方面的法规，而是一部出版方面的法规。其一，第一章《大纲》第一款规定：“所有关涉一切印刷及新闻记载等，均须在该局注册。”明确“新闻记载”为该律规范对象。其二，《专律》名称为《大清印刷物件专律》[②]，所谓“印刷物件”，在该律中以专章说明为“记载物件”。第三章《记载物件等》第一款：“所谓记载物件者，或定期出版或不定期出版，即新闻丛录等，依本律名目谓之记载物件。”这里定义的“记载物件”实际就是印刷品或出版物。其三，第三章第二款规定：“凡印刷或发卖或贩卖或分送各种记载物件，而该记载物件并未遵照本律所载各条向京师印刷总局注册者，即以犯法论。”“印刷或发卖或贩卖或分送各种记载物件”，这里说的就是“出版”。其四，第六章《时限》（相当于附则）第一款：“凡一切文书、图画，或系书写、或系印刷，或用汉文、或用其他各文字，而发行或销售于皇朝一统版图者，本律即有治理之权。”这一条规定把立法者的企图表露无遗：本律就是要治理所有的出版行为，包括印刷，甚至包括手抄形式的最原始出版。

其次，“出版”一词的使用不稳定、不确定。《专律》中“出版”一词出现了 8 处，其中有 7 处其意义还仅是“出”，相当于“印制（完成）”。如“所谓记载物件者，或定期出版或不定期出版，即新闻丛录等，依本律名目谓之记载物件”。这里的“出版”可用“印刷”或“印制”来替代。值得特别注意的是，《专律》中有 7 处用了“出贩”一词，而且有四个地方是“出贩发行”连用。如第三章第七款：“经理记载物件出贩之人，须将所出贩发行之记载物件，每件备两份，呈送于发行所在之巡警衙门……”《专律》中另有“出贩发行者”、“出贩发行人”的用法。这里的“出贩”一词其实就是现在通常说的“出版”，但《专律》不用“出版”而用“出贩”，充分说明了“出版”一词在当时的地位。另一方面，

---

① 刘哲民编：《近现代出版新闻法规汇编》，上海：学林出版社，1992 年。下面提到的几部法规都引自该书。

② 张静庐辑编的《中国出版史料初编》为《大清印刷物专律》，上海：上海书店出版社，2003 年，第 312 页。

从字面来讲，“出贩”很明确，就是“印制出来贩卖、贩送”，而这正是“出版”一词的最核心义项。但“出版”作为一个引进不久的词，它当时的确切义涵应该还不是很明确固定的。

由以上两点我们要得出的结论是，《大清印刷物件专律》具有很突出的过渡性特征。一是“出版”一词使用的过渡性。这种过渡性表现为一种使用上的有所保留：“出版”的含义没有固定、明确，能不用就不用，能用别的词就用别的词。这表明“出版”一词的地位还没有确定。二是整部法律的过渡性。从《专律》的规范对象和涉及的内容来看，它实际是一部出版法①，或者说它是一部出版法的雏形。但是《专律》不称出版专律而称印刷物件专律，表明清廷对当时出现的出版这一新现象还来不及用很好的、很到位的专业术语来规范表述，只好从它的客观对象说起：印刷物件、记载物件。这些词本身是过渡的，随后就消失了，但它的出现却是最好地反映了当时的情形。《专律》本身的过渡性说明对“出版”这一新现象的认识有所保留，人们对它的认识还处在一种形成过程中，这部《专律》及《专律》中的用词都很好地说明了这一点。

光绪三十三年（1907年）的《大清报律》和宣统二年（1910年）的《钦定报律》中都没有出现“出版”一词。许多可以用“出版”的地方，用的均是“发行”一词。

“民国”三年（1914年）北洋政府制定了《出版法》。《出版法》有四个特点。其一，明确为“出版法”，且对“出版”一词作了界定：“用机械或印版及其他化学材料印刷之文书图画出售或散布者，均为出版。”其二，存在“出版”与“发行”互通的用法。如第七条：“以无主著作发行者，应预将原由登载官报，俟一年内无人承认，方可禀报。”第八条：“编号逐次发行或分数次发行之出版物，应于每次发行时禀报。”这里的“发行”都可用“出版”替代。其三，出现了“出版物”这一概念，但也出现“出版物”与“印刷品”不分，“出版”与“印制”不分。如第十条：“凡信柬、报告、会章、校规、族谱、公启、讲义、契券、凭照、号单、广告、照片等类之出版……”这里列举的东西应该是印刷品而不是出版物，这里“出版”应用“印刷”或“印制”。

① 张静庐的《中国出版史料初编》就是把它归于“出版法”项的。

2.“出版”与“印行”、“发行”：“出版”的含义

从以上使用情形我们可以看出：“出版”一词最初是不很普遍使用的，到1914年前后，“出版”一词虽然使用得更多了，但仍然是一种有保留的、不确定的使用。而且，在这样一种使用中，“出版”一词总是与“刊行”、“刊印”甚至“出贩”等词相联系。“出版”在使用中与其他词的这种互用联系，实际上也是对“出版”一词的解释，或者说这种互用联系是我们理解、掌握“出版”一词的重要参考。“出版”一词与“印行”和“发行”两词的互用联系是最紧密的。这里我们就从“印行”与“发行”来考察“出版”一词的含义。

“印行”一词古已有之。国家图书馆编《中国版刻图录》第二册，图版5《文选五臣注本》书后牌记：“杭州猫儿桥河东岸开盏纸马铺钟家印行。”该书是北宋末年、南宋初年所刻。《王国维遗书》第12册，著录南宋《寒山诗》牌记：“杭州钱塘门里车桥南大街郭宅经铺印行。”① 到清末民初时，“印行”一词可以说是大行其道，虽然在行文中它有时被“刊印行世”、“成编行世”、“印行问世”、“刊行问世”、“刊行”、“刊印”等词替代，但在书籍封面上，超过八成都署“××印行”②。大概到20世纪三四十年代，“出版”一词才在行文中取代“印行”，新中国成立后，基本上只用“出版”了。

我们考察的重点是，“印行”一词的含义是什么？“印行”的核心内涵是“印成行世”。但“印成行世”包含了两层意思：“印成即行世”和“印成及行世”。“印成即行世”的核心是“印成就等于行世”，重点在印成；“印成及行世”，是“印成”还不等于“行世”，印成之后还要使之行世，“印成”与“行世”是不同的两个重点。

“发行”一词也是古已有之，但“发行”一词并不是出版行业专有术语。《现代汉语词典》对“发行”的解释是：“发出新印制的货币、公债或新出版的书刊等。”③实际上，还有邮票、股票等新出时的发售，电影的正式放映等，也叫发行。唐孔颖达《毛诗正义》疏为：“以行必发足而

① 转引自汪家熔：《“印行”“出”“出版”》，《出版发行研究》1989年第4期。

② 张静庐辑《中国出版史料现代甲编》所附书影中，有10幅图书封面上署“××印行”，只有两幅署“××出版”，而这些书已经是“民国”十年前后出版的了。

③ 《现代汉语词典》(修订本)，北京：商务印书馆，1996年，第340页。

去，故以发为行也。”可以看出，“发行”一词的最基本义涵是“始发”。清末民初“发行”一词与现在出版业所说的“发行”是有区别的。晚清及民国初年所说的“发行人”、“××书局发行”，这里的“发行”意指“印制出版”，它含有“始发”的意义；现在所说的“新华书店发行”、“发行商”、“发行渠道”、“发行折扣”、“发行码洋”等则仅指“出版物的流通”，已经很少甚至基本没有“始发”的意义了。

让我们再来从字面看“出版”一词。“出版”的字面意思是“出于印版”或“使之出于印版”。这里的一个“出”字很关键，也很妙。“出”有“出现”、“印出”、“出来”、“问世”、“出世”等义涵，“出于印版”与“出于世间”都在这一“出”字中。“出于印版”强调的就只是“印制完成”，或者强调的是“从无到有”；“出于世间”即强调“行于世间”，或者是“从点到面，从少到多”。所以，一个“出”字，在这里有两层意思，一个“出版”，同样也就有两层意思。日本人选这个字真是选得好，充满了智慧。

上文已叙，“出版”一词是一个“来自日语的原语（汉字）借词”。在这一回借的过程中，因为这类“原语借词”的特性，“出版”一词原本表示的“Publish”的意义并不处于突出地位，倒是原有的汉语语境赋予它的义涵占据了主要的地位。“出版”与“印行”、“发行”等词的关联就是它的语用环境，正是在这种关联中，在这样的一种语用环境中，“出版”一词形成了它的自身内涵。前文我们已经分析：“印行”、“发行”两词都分别有两层意思，“出版”一词也有两层意思，我们不难发现，这三个词的两层义涵是相对应的：它们都有强调“印制完成”和“印制并流通”两层意义。当我们强调一本书的“问世”时，我们可以说这本书“出版”了，在晚清民初则可能说“印行”了，也可以说这本书是由××书局“发行”的，此时，我们强调的都只是“印制完成”，强调了这本书的“从无到有”；当我们说新“出”了一本书时，我们也可以用“出版”一词，晚清民初同样可能也用“印行”、“发行”，但此时说的是这本书“印制完成并流通”。同样的一个词，当使用时所指有所侧重时，其意义也随之有所不同。

现在我们有必要再往回走一步，日本人要翻译的欧美人的“出版”是一个什么样的概念？日本人的“出版”概念又是什么？

让我们从两个方面来认识欧美的“出版”概念。

第一，从词源上看。法语“publier”、英语“publish”都来自拉丁文的“publicare”，本义为“公于众”。英语中与“出版”这一概念最相关的是“Publish”，根据《企鹅英语词典》（伦敦 1978 年版），Publish 一词的释义如下：

Publish：make generally known，declare publicly；issue（a book，piece of music etc.）to public；write and arrange for the distribution of（a book）；（leg）（of libel）communicate to more than one person.

翻译成中文：

Publish：使大家知道，公开宣布；（一种书、音乐作品等）向公众发行；书写和安排（一种书）发行；（律）（有关诽谤）向不止一人传布。①

Publish 的三个义项都有“公于众”的意义。

第二，从法规上讲，《世界版权公约》（1952 年 9 月 6 日在日内瓦缔结，1971 年 7 月 24 日在巴黎修订）第六条直接给“出版”下了定义：

本公约所用“出版”一词，系指作品以有形形式复制，并把复制件向公众发行，使作品能供阅读或观赏。（英文本原文：“Publication”，as used in this convention，means the reproduction in tangible form and the general distribution to the public of copies a work from which it can be read or otherwise visually perceived.）②

这个定义的核心就是“复制向公众发行”。

日本是在明治二十年（1887 年）第一次在法规上给“出版”一词下了定义：“凡以机械、化学或任何其他方法印刷之文书图画予以发售或散布者，均为出版。”③这个定义为明治二十六年（1893 年）制定的日本第一部出版法所继承。

现在我们要得出的结论是：由于不同的语言环境，以及在语言环境之后的不同历史文化背景，“出版”一词在中国和欧美有不同义涵。在中国，“出版”一词有两层意思：一是指把书籍印制出来；二是指把书籍印制出来并使之流通，它分别强调的整个“出版”过程的不同环节，涵盖的是不同的两种“出版”形式。因为在中国历史上，有很多书刻出来并不是求流通，

---

① 林穗芳：《有关出版史研究的几个问题》，《出版史料》，2003 年第 2 期。

② 林穗芳：《有关出版史研究的几个问题》，《出版史料》，2003 年第 2 期。

③ 林穗芳：《有关出版史研究的几个问题》，《出版史料》，2003 年第 2 期。

刻印出来就是大功告成；有的书只是为出而出，甚至是为藏而出。中国历史上的官刻、家刻或私刻多半是这样的。当然，中国历史上也有坊刻，也就是作为营业的刻书业。书刻好印出是为了卖掉挣钱谋利，因此书不仅要刻好，还要卖得出去，要卖好。官刻、私刻可以说是“出版”，坊刻更是“出版”。在欧美，一般情形下“出版”一词只有一层意思，它强调的是“公于众”，强调的是发行。印刷商或抄书人是为了卖书得利而复制书的，或者印刷商或抄书人本身就是卖书人，本身就是书商，或者是受书商委托而制书，这其间全是一种商业关系，是一种商业行为。

由于有这样复杂多样的印书、刻书背景，又由于中文“出版”是由日本回借的一个外来词，因此它在不同的背景下有不同的客观含义。这就是为什么我们不是从各种各样的关于“出版”一词的各种定义出发，不仅仅是从字面去理解，而是从它的来源，从它的使用情形出发来认识“出版”这一词的原因。

第二节　出版史研究回顾

这里的回顾，主要是对从 20 世纪 80 年代始到现在的近 30 年间出版史研究的回顾，回顾的目的是为本书的叙述提供一个宏观的背景。

一、出版史研究的基本情况

1. 史料整理

史料是史学研究的基础。出版史料的收集、整理曾经出现过一个小高潮，取得了不少成果。第一，有关出版宏观方面管理的史料得到系统整理。人民出版社 1991 年、1997 年分别出版了《中华人民共和国现行新闻出版法规汇编（1949—1990）》、《中华人民共和国现行新闻出版法规汇编（1991—1996）》，中国书籍出版社分别出版了多卷本的《新闻出版工作文件选编（1986—1997）》、《中华人民共和国出版史料》。这三套史料的编辑方向是非常正确的，涵盖了出版管理的三个层次，对研究当代出版行政管理将有无可替代的贡献。另外，学林出版社 1992 年出版的《近现代出版法规汇编》也是这方面很扎实的一手资料。第二，出版了一些大型出版史料。大象出版社 1999 年出版了 8 卷本的《中国当代出版史料》，山东教育出版社、湖北教育出版社共同出版了 10 卷本的《中国出版史料》(出版时间为2001年和2004年)，河南大学出版社2005年出版了10卷本的《20世纪中国著名编辑出版家研究资料汇编》。该汇编收集相关人物的研究资料600余篇，存目千余篇，共425万字，包括从1867年出生的张元济到2004年辞世的陈原，共收录54位业内有影响的编辑出版家。规模最大的要数北京图书馆出版社2003年出版的《中国近代古籍出版发行史料丛刊》，共28册。该丛刊收集了百余种清末至民国时期的图书销售目录、宣传册页及征订样本。这套丛刊定价12 000元，一般研究者很难购置于案头。在这时期，张静庐辑编的《中国近现代出版史料》(8卷本) 也由上海书店出版社重新影印出版。第三，地方出版志的大量出版。在地方志编纂工作的推动下，地方出版志的出版也出现了兴盛，上海、北京、江苏、湖北、安徽等22个省、自治区、直辖市相继出版了出版志。北京和上海两地作为中国出版的两大基地，由于其在中国出版史上的独特重要地位而带有全局性意义，其出版志不同于一般的地方出版志，而是研究出版史的重要史料。第四，除地方出版志外，还有各种出版史料专辑的出版，如广西出版了《抗战时期桂林出版史料》，另有《天津出版史料》、《湖南出版史料》也不连续地出版了多期。最有影响的是上海学林出版社出版的《出版史料》。该丛刊从1982年开始，一直到1992年止，共出版32期，共700多万字。《出版史料》上发表了很多珍贵的史料，如《广学会年报》等。《出版史料》作为期刊于2003年在北京复刊，由开明出版社出版，但从内容来看，其价值不如从前。

出版史料的收集、整理中存在两个问题。首先是个案专题方面的史料整理十分缺乏。到目前为止，已经整理出版的史料多是综合性的，特别是一些大型史料集，如8卷本的《中国当代出版史料》、10卷本的《中国出版史料》等，还没有关于某一出版机构、出版人物、出版现象或出版物的专题出版史料得到关注、整理，即使像商务印书馆、中华书局这样的出版机构，其大量的原始资料仍有待开发。[①] 国家图书馆藏有多种“民国”时期出版的商务印书馆年度资料，如《“民国”四年商务印书馆有限公司结彩清册》、《上海商务印书馆有限公司财产目录》等，如果对商务印书馆的档案资料进行系统整理，这将是一项中国近现代出版史研

① 王建辉：《中国近代出版史研究的回顾与思考》，《中华读书报》，2001年10月24日。

究的基础性史料工作。

其次是二手资料多，一手资料少。现有的几种大型综合出版史料集中，有的二手资料几乎占了九成。二手资料不仅所占比例大，在选用上用功也有限。像《中国当代出版史料》，大部分内容都是综述性质的，在选用时又没有注释说明，应该说其参考价值是十分有限的。《中国出版史料》虽然在选用时加了注释说明，但可惜的是二手资料水分太多，有些还与张静庐的《中国近现代出版史料》重复。严格来讲，这些材料不能称作史料，只能叫“研究资料选编”。从这几种已出版的“史料”看，在出版史料的收集、整理上有急于求成、好大喜功的倾向。如果把编这些参考价值有限的“史料”的人力、物力资源用在整理真正的一手资料上，用在整理个案专题史料上，那将是另外一种局面。

2. 研究者特点

出版史的研究者有两多两少的特点：即出版史研究者出版从业者多，学界研究者少；在不多的学界研究出版史者中又是非史学专业多，史学界甚少。①

业界出版史研究者如宋原放、叶再生、吉少甫、汪家熔、王建辉等。宋原放（1923 年—2005 年），原上海人民出版社社长、上海市新闻出版局局长、上海市出版工作者协会主席。他在 1991 年出版了《中国出版史》（中国书籍出版社，1991），推动并主持了《出版史料》丛刊的出版，也是《中国出版史料》[山东教育出版社（2001）、湖北教育出版社（2004）]、《上海出版志》（上海人民出版社，2000）的主编之一。叶再生（1925 年—2005 年），早年从事新闻出版工作，曾任新闻出版总署党史资料征集工作领导小组副组长，其代表作是 4 卷本、4 000 多页的《中国近代现代出版通史》（华文出版社，2002），更难能可贵的是他以个人出资的方式编辑出版了 6 辑《出版史研究》丛刊。吉少甫为三联书店离休老人，其代表作是《中国出版简史》（学林出版社，1991）和《书林初探》（上海三联书店，1996）。汪家熔则是商务印书馆的老员工，以研究商务和张元济为主，其主要成果是《大变动时代的建设者：张元济传》（四川人民出版社，1985）和《商务印书馆史及其他》（中国书籍出版社，1998）。王建

① 王建辉也注意到出版史研究者的一些特点，见其《中国近代出版史研究的回顾与思考》，《中华读书报》，2001 年 10 月 24 日。

辉出版史研究的主要成果是《文化的商务：王云五研究专题》（商务印书馆，2000）、《出版与近代文明（论文集）》（河南大学出版社，2006）。

学界出版史研究者有两类。一是从书史及图书版本学切入，像钱存训、张秀民、李致忠、肖东发、王余光等，他们的出版史研究带有很深的图书版本学史的痕迹。钱存训、张秀民、李致忠均是学图书馆学的，终生服务于图书馆；肖东发、王余光均是北京大学图书情报专业的教授。二是从思想文化史等切入，像熊月之、陈平原、邹振环、杨扬等，他们的出版史研究是和近代思想文化史的研究，尤其是中西文化交流、近现代文学的研究相结合的，他们涉足出版史领域是其自身研究视野的一种延伸和拓展。这些学者的无意介入对出版史研究产生了较明显的影响，一段时间以来，许多出版史著作都题带“文化”二字，如章宏伟的《出版文化史论》（华文出版社，2002）、汪家熔的《近代出版人的文化追求——张元济、陆费逵、王云五的文化贡献》（广西教育出版社，2003）、范军的《出版文化散论》（湖北教育出版社，2004）、李家驹的《商务印书馆与近代知识文化的传播》（商务印书馆，2004）等。有人认为这是出版史研究中的一种可喜的学术倾向①。

或者是图书版本学的出身，或者是思想文化史的延伸，就作者所见，很少有史学专业的学者直接介入出版史的研究。

3. 出版史研究的外在推动型特征

出版史研究一个突出特点是外在的、推动型的特征明显，会议式的、纪念式的、工程式的研究多，在出版史研究中占有重要地位。

20 世纪八九十年代的出版史研究应该说直接源于 1983 年中共中央《关于加强出版工作的决定》的颁布。这一文件第一次强调要加强出版科研工作，要建立出版发行研究机构。受此影响，中国出版科学研究所、新闻出版署党史资料征集工作领导小组等机构随后相继成立。从 1984 年开始，北京大学、武汉大学、复旦大学、南京大学、河南大学等相继开办了编辑出版专业，开设了出版学及出版史课程，由此出版史研究开始起步②。中国出版科学研究所 1989 年在湖南大庸（张家界）、1991 年在

---

① 吴永贵：《2000—2005 年中国出版史研究综述》，《出版科学》，2006 年第 3 期。

② 吴道弘：《编辑史、出版史研究述评》，《出版科学》，2002 年增刊。

山西太原召开了两次中国近现代出版史学术研究会，会后都出版了论文集。两本论文集分别是：《中国近代现代出版史学术讨论会文集》（中国书籍出版社，1989）、《新民主主义革命时期出版史学术讨论会文集》（中国书籍出版社，1993）。中国编辑学会成立后，也先后在武汉（1993年）、南京（1999年）、温州（2000年）分别召开过编辑史、出版史的学术研讨会。

1987年和1997年，国内出版界均隆重纪念商务印书馆成立90周年和100周年，商务印书馆先后出版了3本纪念研究文集。这3本纪念文集分别是：《商务印书馆九十年》(1987)、《商务印书馆九十五年》(1992)、《商务印书馆一百年》(1997)，兴起了商务印书馆及其主要人物张元济的研究热潮。

在党史资料征集和地方志编纂工作的推动下，一些地方开始了"出版志"的编纂工作。这一工作的直接成果是各种地方出版志的出版，同时也催生了一些地方出版史的研究著作，如《江苏出版志》、《湖北出版志》等。

进入21世纪后出版界又启动了《中国出版通史》工程。该项目由中国出版科学研究所主持，已被列入国家社科基金重点项目、"十五"重点图书出版项目。《中国出版通史》共分为《先秦两汉卷》、《魏晋南北朝卷》、《隋唐卷》、《宋辽西夏金元卷》、《明代卷》、《清前期卷》、《晚清卷》、《"中华民国"卷》、《中华人民共和国卷》等9卷，近50位专家组成了编委会。据通史办公室工作简报称，该工作已进入尾声。

以上这种外在推动型的出版史研究的确取得了一些成果，但也有许多专家看到了它的另一面，这就是出版史研究的内在性特征非常缺乏。主要表现是：出版史研究从未有过讨论，从未形成热点，从未与外面交流对话。汪家熔在《出版史研究二十年印象》中说："20年来虽然有张家界、太原两次研讨会，可以说从未有过讨论。"① 王建辉在《中国近代出版史研究的回顾与思考》中也认为："近代出版史研究的交流与讨论是很不够的。"② 讨论、热点、交流对话是相关的。没有讨论形不成热点；没有讨论，无论是对内对外，也就形不成交流对话。一方面是热热闹闹，

---

① 汪家熔：《出版史研究二十年印象》，《编辑之友》，2000年第3期。

② 王建辉：《中国近代出版史研究的回顾与思考》，《中华读书报》，2001年10月24日。

另一方面是冷冷清清。这实在是令人费解、值得思考的一个现象。

二、出版史研究的主要问题

出版史研究中存在的主要问题与对“出版”概念的理解有直接的关联。

1. 出版史范围过于宽泛

到目前为止并没有见到有关出版史研究范围的讨论或专门论述，但是考察现有的研究，可以看出出版史研究范围显得过于宽泛。有关出版史研究的书目可以充分说明这点。

目前国内研究者整理了 3 种有关出版史研究的“书目”。一种是方厚枢辑录的《中国出版史研究书录》①，该书录分“图书史”、“造纸、印刷史”、“出版史”、“新闻史”和“港台出版图书”五部分，共收录图书 200 种。其中“图书史”部分包括书史、版本目录学及藏书史的内容，共 47 种。另一种是宋原放编制的《中国出版史研究书刊题录》②，题录截止 2000 年 9 月。最新的一种是范军 2005 年辑录的《出版文化史研究论著目录（2000—2004）》③。该目录分为“出版史料类”、“出版史类”、“图书文化史类”、“新闻传播史类”、“印刷史类”五部分，共收录 375 种。从这三个书目看，可以说所谓的出版史研究到目前为止还只是一个以书为线索的研究论题。这个线索范围包括了图书版本学、目录学、印刷史、新闻史等学科。这一方面反映了出版史研究者的学术背景，另一方面也显示了出版史研究与这些学科的深厚联系。这种联系既表现为出版史研究对于这些相关学科研究成果和研究材料的依靠与借鉴，也表现为一定程度上在研究对象上的重叠。范军的目录从大的分类上看似乎比方氏的书目专业一些，但是从具体的书目来看，范军的收录范围更广泛。尤其是“出版史料类”，但凡书中涉及出版史的有关资料的书目，作者都收录进来。这一方面体现了作者用功之勤，同时也反映了作者用心之苦：出版

---

① 方厚枢：《中国出版史研究书录》，载《中国出版史话》，北京：东方出版社，1996 年，第 374—424 页。

② 宋原放：《中国出版史料·现代部分》（第三卷下册），济南：山东教育出版社，2001 年，第 527—560 页。

③ 范军：《出版文化史研究论著目录》（2000—2004），《出版科学》，2005 年第 3 期、第 6 期。

史料的搜寻是非常不易的，只有如此普遍撒网，才可能有所收获。但这些书目最终还是显得过于庞杂，过于宽泛。

2. 出版史研究的主体对象缺失

出版史研究的主体对象应该是出版本身，但是现有的出版史研究中常见的是出版作为主体对象的缺失。这种现象尤其表现在所谓的“文化视野”观照下的出版史研究中。进入 21 世纪以来，国内出现了“从大文化的视野来考察出版”的新动态①，一些思想文化史等学科的学者涉及了出版史的领域。有人认为这“使出版史的研究获致一种前所未有的理论高度与学科品格”②。深入分析这些“新视野”、新动态，我们会得出与此完全不同的结论。

有关商务印书馆的研究最能说明这一问题。王建辉的《文化的商务：王云五研究专题》是近年来有关商务印书馆研究中有影响的一部力作。书中作者用专章讨论了王云五在商务印书馆的改革：以现代学科分类为依据改组编译所，推行科学管理法。但是作者对于改革的背景和内容着墨不多，作者的着力点在于改革的意义和关于科学管理法的评价③。历史研究首要的是要还原史实，出版史研究首要的是还原出版的史实。编译所的改组、科学管理法的推进，其主角应该是商务印书馆，探讨这部分的历史，应当着力于商务印书馆当时的机构设置、管理结构、管理状况和水平，着力于王云五改革的内容介绍与分析。这样读者才能对商务的机构和管理有所了解，进而对当时的出版机构甚至是一般企业有所了解。或者作者以为该书的主题是王云五而不是商务印书馆，但如果这里的王云五不是作为出版家、出版实务者的王云五，而是作为文化人的王云五，甚至是历史人物的王云五，这里的研究还是出版史研究吗？

类似有关商务印书馆史的论著也都是给人一种雾里看花的感觉：作为出版机构的商务印书馆从来没有正面地、大大方方地从研究者笔下走出来，它总是躲在什么东西的后面，或者被什么东西所遮挡，我们总是看到它的侧面，而且现在的研究好像还就是要探寻它更多的侧面，而商

---

① 范军：《出版文化散论》，武汉：湖北教育出版社，2004 年，第 40 页。

② 吴永贵：《2000—2005 年中国出版史研究综述》，《出版科学》，2006 年第 3 期。

③ 王建辉：《文化的商务：王云五研究专题》，北京：商务印书馆，2001 年，第 40—74 页。

务印书馆史研究最重要的任务——直接地、完整地、全面地探讨作为出版机构的商务印书馆，倒是好像被研究者忘掉了。李家驹在研究商务印书馆时说："出版社是'文化实体'的一种，是知识的传播者和制造者，但它的社会和文化职能却一直被人所忽视。出版机构以'出版'为手段，以传播知识和文化为目标。"①从历史上来说，商务印书馆首先是一个经营机构，它以"出版"为手段，追求经济效益是它最初的也是最重要的目标，它一开始就是一个实行规范治理的很现代的企业。实际上，就是由于这些研究者太过于重视商务印书馆的社会和文化职能，才反而忽视了其最基本的东西。在这些研究者眼里，在"文化视野"的观照下，商务印书馆或出版机构只是一个出发点，出版史只是一种研究的新视野、新方法，它不是目的，只是手段。也就是说，出版本身并不是研究的对象，它只是一种新的研究方法的出发点、着力点。一些论著的标题本身对此提示得非常明白："商务印书馆与中国近代文化"②、"商务印书馆与近代知识文化的传播"③、"《东方杂志》的公共舆论研究：1904—1932"④，以及"西学与变法——《万国公报》研究"⑤，等等。

这里要特别说明的是，出版史研究主体对象的缺失并不仅在中国有，国外也有类似的情形，这主要体现在书籍史研究中。欧洲的书籍史研究以法国学者的研究为代表，书籍史研究的兴起主要得益于社会史的发展，年鉴学派史学家是这一领域最早的开拓者⑥。在这一背景下，印刷品（主要是书籍）被视为透视普通人社会生活和精神世界的窗口，书籍也就成了年鉴学派社会史和文化史研究的重要范畴，书籍史被视为社会史的一部分，或者是作为文化社会学的一部分：书籍社会学。如德吕木(J. Delumeau)、芒德鲁（R. Mandrou）等史学家试图从书籍的生产与传

---

① 李家驹：《商务印书馆与近代知识文化的传播》，北京：商务印书馆，2005年，第12页。

② 史春风：《商务印书馆与中国近代文化》，北京：北京大学出版社，2006年。

③ 李家驹：《商务印书馆与近代知识文化的传播》，北京：商务印书馆，2005年。

④ 洪九来：《宽容与理性：〈东方杂志〉的公共舆论研究：1904—1932》，上海：上海人民出版社，2006年。

⑤ 王林：《西学与变法——〈万国公报〉研究》，济南：齐鲁书社，2004年。

⑥ 国外书籍史研究情况请参考项翔：《近代西欧印刷媒体研究》，上海：华东师范大学出版社，2001年；（法）勒戈夫等主编，郝名玮译：《史学研究的新问题新方法新对象》，北京：社会科学文献出版社，1988年。

播过程透视大众文化，体察大众文化与精英文化的区别；孚雷（F. Furet）在《读与写》、《书籍与社会》这两本书中，充分运用数理统计方法，对各个地区、各个阶层的识字率、书名、作者、书评、读者、出版者、学术机构的构成以及各类术语概念的出现等“结构性数字资料”或“非结构性数字资料”进行统计分析，其目的是揭示某些社会文化的发展趋势，并最终对法国大革命提出一种不同于传统史学的解释；夏蒂埃（R. Chartier）与罗歇（D. Roche）则是从阅读史的角度去研究书史，把阅读史作为研究特定人群心态的最好材料。

与中国不同的是，欧洲的书籍史研究者主要都是地道的史学家，但仅就笔者掌握的材料看，国外好像很少单独提“出版史”的概念，或者说出版史与书籍史没有严格的区分。但无论如何，在社会史或文化史的视野中，书籍的各种社会文化意义是得到了充分的探讨，但出版书籍的机构和活动本身，也就是出版社和出版活动本身却没有得到应有的关照。

第三节　出版史研究的回归与本书的研究思路

一、出版史研究的回归

出版史研究为什么会存在“范围过于宽泛”、“主体对象缺失”的问题呢？这里面可能有多种原因，但最主要的原因则是对“什么是出版”、“什么是出版史”这两个基本问题没有弄清楚。

前面对于出版概念的分析已经探讨了什么是出版：“出版”一词在欧洲是指作品的复制并向公众发行；在中国则既包括为向公众发行的复制，也包括单一的作品复制本身。这里所说的“作品”，在历史上主要是指图书，后来，期刊也成为一种主要的出版作品。从严格意义来讲，报纸也是一种出版物，也应纳入“出版”范畴来研究，但由于报纸的新闻性特别突出，故其逐渐从出版范畴中独立出来，成为新闻学研究的对象。但在历史上，报纸在其最初的阶段，也是出版史研究的一部分。至于“复制”，在印刷术发明之前主要是手抄，之后主要就是印刷了。

弄清了什么是出版，什么是出版史这个问题也就很明确了：出版史就是图书、期刊、报纸等出版物的印刷、发行历史。

出版史的研究应紧紧围绕“出版物的印刷、发行”这一主题而展开。

本书所说的出版史研究的回归，就是指这种出版史研究主题的回归。

要实现出版史研究的回归，最主要的就是要把“作品（图书）”从出版概念和出版史研究中的中心位置拉下来，确立“作品的印刷、发行”在出版概念及出版史研究中的中心主导地位。因为作品（图书）并不是出版的核心内涵，作品的复制及发行流通才是出版的核心内涵。

目前出版史研究中表现出来的“范围过于宽泛”、“主体对象缺失”，其实质就是偏离出版史研究的应有主题。这种偏离最典型地表现在两个方面。

第一，把作品——主要是图书当作出版史研究的主题。图书是一种极为独特的物品，它包含了太多的历史、文化内含，又涉及文字、编辑、著述、校勘、收藏及印刷、纸张等许多方面。前文所指出的过于宽泛的出版史研究，就是源于把图书以及图书中涉及的、或与图书有关的内容当作出版史研究的主题。

第二，质疑出版史研究的价值。无论是欧洲还是中国，作品（图书）的印制和流通都形成了一个行业，这个行业就是出版业，更通俗明了的说法就是书业。书业在中国又更多地被称为刻书业，在欧洲更多地被称为印书业。出版史研究其实就是刻书业、印书业史研究。

但有一种观点认为，把出版史理解为书业史，就是把出版史等同于行业史，这样就降低了出版史的地位，局限了出版史研究的视野，压缩了出版史研究的空间。正因为如此，现有的一些出版史研究总是把出版与文化或教育或政治等扯上一点关系，以提升出版史研究的“学术品质”。这其实是一种很值得怀疑的观点。不管出版有多独特，不论出版的涉及面有多广，出版对于其他方面的影响有多强、多深，出版首先还是一个行业，无论过去还是现在。历史研究首要的应该是弄清史实，出版史研究首要的应该是把出版的史实弄清楚。只有这样，才能在此基础上进一步探讨和认识出版与其他各个方面的各种关系。如果对出版业自身的史实、特点、规律都没有认识清楚，又何从认识它的影响和地位呢？因此，出版史的研究需要回到自身的主题上来，需要确立出版史研究应有的价值，树立出版史研究应有的自信。

二、传教士出版研究的现状及存在的问题

目前国内的传教士出版研究有以下三个特点。

第一，传教士出版的相关内容多出现在一些出版史、新闻史甚至印刷史的著作中。如肖东发主编的《中国编辑出版史》（辽海出版社，2002）在第八章第三节“近代的出版事业”中有“外国教会与书馆”一部分，简要介绍了英华书院、美华书馆、广学会等教会机构。来新夏等著的《中国近代图书事业史》（上海人民出版社，2000）中，分别在“传教士在华创办的出版机构和现代印刷术的传入”、“教会及洋人所办出版机构”等部分对传教士出版活动有所涉及。在出版史著作中比较集中地介绍传教士出版的是叶再生的《中国近代现代出版通史》（四卷本）（华文出版社，2002）。叶著的第一卷第二篇是专门介绍传教士出版的“现代印刷出版技术的传入与早期基督教出版社”，该篇共有五章，广泛地介绍了与教会及传教士有关的印刷出版机构，对相应的传教士出版物也有较详细的介绍。叶著对教会或传教士出版的叙述比较集中，也是出版史著作中少有的辟专章（篇）介绍传教士出版的，其特点是线索及材料比较丰富，对传教士出版有了初步的分析框架，但缺点是不深入，很大程度上仅处于搜罗材料的阶段。

传教士出版的一个重要内容是报刊出版，因此一些新闻史、报史的著作中也有一些传教士出版的相关内容。如方汉奇主编的《中国新闻事业通史》（三卷本）（中国人民大学出版社，2000）第一卷第二章为“外国人在华早期办报活动”，这一章对传教士早期的报刊有较充分的介绍。卓南生的《中国近代报业发展史（1815—1874)》（中国社会科学出版社，2002）大部分内容都是有关传教士报刊的叙述，几乎就是一部传教士早期报刊史。印刷也是传教士出版的一个重要方面，因此有关传教士出版的内容也可在一些印刷史著作中见到。如张秀民的《中国印刷史》（修订本）（浙江古籍出版社，2006)、范慕韩主编的《中国印刷近代史（初稿)》（印刷工业出版社，1995)，这些印刷史著作中都有一些传教士出版的内容。

第二，传教士出版的相关内容也出现在一些专题研究中，这些专题主要是有关传教士人物、相关的传教士印刷出版机构及出版物的研究。在传教士人物方面比较多的是关于马礼逊的研究，如《马礼逊评传》（上海书店出版社，2006)、《马礼逊与中西文化交流》（中国美术学院出版社，2004)、《马礼逊——在华传教士的先驱》（大象出版社，2002）等。有关传教士出版机构的研究则主要有王尔敏的《上海格致书院志略》（香港中文大学出版社，1980)、王树槐的《清季的广学会》［载台湾《近代史研究所集刊》(4)］等。另外关于美华书馆、墨海书馆、中国教育会等也有论文涉及。有关传教士出版物的研究主要集中在传教士报刊方面，除上面提到的一些新闻史著作外，另外还有一些专题论文，如严昌洪的《〈察世俗每月统计传〉不是我国第一份近代报刊》［载《新闻研究资料》(总第50辑)，中国社会科学出版社，1990]、陈绛的《林乐知与〈中国教会新报〉》(《历史研究》，1986年第4期)、葛伯熙的《〈小孩月报〉考证》[载《新闻研究资料》第31辑，中国新闻出版社，1985］等。

第三，传教士出版的相关内容还出现在一些有关中西文化交流及文学史、思想史、教育史的著作中。如熊月之的《西学东渐与晚清社会》(上海人民出版社，1994) 中对早期传教士著述有大量介绍，王立新的《美国传教士与晚清中国现代化》(天津人民出版社，1997) 对传教士文化机构也有较多论述，甚至在胡从经的《晚清儿童文学钩沉》(上海少年儿童出版社，1982) 也有关于传教士出版的内容。

从以上传教士出版研究的现状可以看出，作为中国近代史一部分的传教士出版的研究同样存在“范围过于宽泛”、“主体对象缺失”的问题，只不过其表现更突出。从传教士出版研究的三个特点我们可以得出的结论是，近代传教士出版还没有成为一个独立的研究主题。目前还没有以“传教士出版”为主题的相关专门著述，传教士出版研究是以“传教士”、“传教士（教会）机构”及“传教士出版物”等相关专题研究的形态存在，而且这些“专题研究”也不是严格意义上的出版专题研究，而是作为中西文化交流、思想文化史、教育史、文学史中的专题而存在的。

三、本书的研究思路

基于对出版史研究及近代传教士出版研究的分析和反省，本书确立的研究思路有以下两方面内容。第一，实现出版史研究主题的回归。本书的研究不是把出版当作一种研究的视角，而是把出版当作研究的主题。因此本书不是把传教士出版放在中西文化交流史或教育史、思想史、文学史的框架中来分析，而是把传教士出版作为中国近代出版史的框架中，作为近代出版史的一部分来进行研究。第二，确立“传教士出版”的研究主体地位。本书的研究紧紧围绕“传教士出版”做文章，尝试做一种专门的、集中的传教士出版研究。

在这种思路的原则下，本书的分析除本章外主要在三个方面进行探讨。第一，中国传统印刷与传统出版。中国传统的印刷与出版是中国近代出版发展变化的基础，它既是认识近代出版的背景，也是分析和研究传教士出版的背景：对传统出版业态规律和特征的分析和理解是本书研究的前提，也是重要的思路。第二，传教士出版。在中国近代史上，“传教士”是一个内涵丰富、非常具有张力的概念。本书关注的“传教士出版”严格限定在传教士出版活动本身：作为出版者的传教士、传教士的印刷出版机构、出版物。本书是从专业出版史、行业史的视角来分析传教士出版，试图对传教士出版本身有一个尽量完整的描述。第三，传教士出版的特征和贡献。本书仍然坚持专业出版史或行业史的视角，从中国近代出版发展变化的大背景来分析和理解传教士出版的特点，又从传教士出版对于中国近代出版发展的贡献来进一步认识传教士出版。通过对这三个方面问题的分析和探讨，本书力图对作为中国近代出版史一部分的传教士出版有一个基本的认识和把握。

关于本书还有两点说明。

第一，虽然“出版”概念包含了“印刷”，但有时为了强调印刷，或者有时的出版活动主要表现为一个印刷活动，这时本书常使用“印刷出版活动”等词。

第二，本书以传教士的出版活动为主要研究对象，但书中除特别重要的外并没有对更多的传教士进行生平介绍。但为了对作为出版活动主人的传教士有一个基本了解，本书利用注释对一些传教士的生平作了简单的介绍。

第二章 中国传统印刷与传统出版

印刷是出版的两个基本环节之一，也是一种早期的出版形态，谈出版离不开印刷，尤其在近代以前。我们认识中国的传统出版，也必须从中国的传统印刷入手。

第一节 中国传统印刷的特点

一、印刷史研究与“印刷”概念

有关印刷及印刷史的研究有两个突出的现象。

一是在中国的古代文献中对于印刷的论述很少。正如钱存训先生所说：“中国的古代典籍对于造纸有详细的记载，然而，对于印刷的技术程序却很少叙述。现存文献中对于早期雕版的具体方法以及每版刷印多少份数都没有记载。”①中国古代不仅对纸有专门的论述，对笔、墨、砚等也都有专门论述，独无专述论及印刷。

二是很多论及印刷与雕版印刷的论著对“什么是印刷”这一基本问题都没有回答。对此，钱存训先生也说：“（可是）现代出版有关印刷的专书，很少说明什么是印刷。”②张秀民先生的《中国印刷史》被誉为“内容广泛，体大精深”，“是迄今所见到的一部最完备而有系统的综合之作”③，但通篇没有对印刷与雕版印刷下一个定义。张树栋、庞多益、郑

① 钱存训：《中国纸和印刷文化史》，桂林：广西师范大学出版社，2004年，第176页。

② 钱存训：《中国古代书籍纸墨及印刷术》，北京：北京图书馆出版社，2002年，第141页。

③ 钱存训：《中国古代书籍纸墨及印刷术》，北京：北京图书馆出版社，2002年，第284页。

如斯等主编的《中华印刷通史》可以说是迄今为止规模最大的一部印刷史论著，是以“大印刷史观”撰写的第一部印刷科技通史①，也没有明确地对印刷下一个定义，只是在行文中对印刷作了一些解释。该书在第一章中说：“印刷是复制术。印刷通过印墨将印版上的图文转移到承印物上。”“印刷作为转印复制术……”②“印刷术是包括刻版术在内的将手工雕刻印版上的图文转印到承印物上从而取得大量复制品的转印复制术”③。

可能是有感于此，钱存训先生在他的著作中对这两个问题都作了相应的回答。他在《中国印刷史的定义和研究》④一文中对印刷的定义作了探讨：

> 印刷术是以反体文字或图画制成版面，然后着墨或其他色料，就纸或其他表面加以压印以取得正文的一种方法。⑤

这一定义简单明确，把“以‘反体’取得‘正文’”作为印刷术的最基本原理和本质特征。“以反得正”是中国传统的雕版或活字印刷以及西方的凸版、凹版或平版共同遵循的原理，也是印刷品区别于其他复制品的本质特征。中国古代的石刻拓印是以正体取得正文，现代的油印(mimeograph)、影印（photostat）或静电复印（xerography）也都不是以反得正，由这类技术得到的复制品一般都被称为复本（copy，duplication）而不是印刷品（print）。

钱存训先生关于印刷术的定义是第一次在学术研究意义上的定义，或者说是对印刷这一专业术语作的定义。除此以外，一般的论著要么是避而不谈，要么就是作一般的语词解释。而这些语词解释基本上都忽略了或者说没有抓住“以反得正”这一要点。譬如《辞源》(1981 年版)“印刷”条：

> 依一定的方法作文字和其他之形状，制成印版，用色墨压印之，

---

① 张树栋等：《中华印刷通史》，北京：印刷工业出版社，1999 年，序言第 5—7 页。

② 张树栋等：《中华印刷通史》，北京：印刷工业出版社，1999 年，第 3 页。

③ 张树栋等：《中华印刷通史》，北京：印刷工业出版社，1999 年，第 17 页。

④ 此文收入《中国印刷史学术讨论会论文集》（北京，1996）和《中国古代书籍纸墨及印刷术》(北京，2002)。

⑤ 钱存训：《中国古代书籍纸墨及印刷术》，北京：北京图书馆出版社，2002 年，第 141 页。相关内容在钱存训著《中国纸和印刷文化史》第 123 页也有论述。

同时可成多数之本。

《辞海》(1989年版)“印刷”条:

按文字或图画原稿制成印刷品的技术。

这两个解释都没有说清楚印刷的基本原理。《中国印刷通史》对印刷概念的解释看似说得很详细，强调印刷是一种转印复制术，但恰恰对“转印”的原理没有说清楚，在此基础上强调复制，只能是把所有的复制都混为一谈。

二、雕版印刷的主要技术和特点

雕版印刷是在木版上雕刻制成版面，然后着墨刷印的一种工艺，包括写样、上板、刊刻、刷印四个主要步骤。开刻之前，先由抄写人将原稿誊写在一张极薄的白纸上，是为“写样”。纸样写成后一般有一个校正的过程，校正无误后就将写样反贴于木板表面，是为“上板”。上板过程包括先在板面薄薄地涂上糨糊，然后将纸面覆贴，用扁平棕刷轻拭纸背，使字迹转现在木板表面。等表面干燥后，将纸除去，木板表面就显出清晰的反文。此时，就可进入下一个程序：雕刻。雕刻的主要任务是将板上有墨迹的地方保留，将板上的空白部分刻去，这样就形成了凸起的反字。雕刻完成后就是印刷。印刷时先将刻好的板片用粘板膏固定在案桌上，将纸平置，工人手持墨刷略蘸墨汁涂于雕版上，随即以纸平铺其上，用长刷或耙子轻拭纸背，再将纸张从板上揭下晾干，这时一张就已印刷完成。印刷时一般先以红墨印出初样，作为末校之用。如刻版有误或行格损裂，可加以修补。如果只有一两个错字，可用“钉凿”挖补。先挖去错字成一刻，另削成木块用槌嵌入挖空的坑内，以铲铲平，再描反字重刻。如错误较大，则进行镶嵌或将板面刨平重刻。挖补或修正后之改样，再次校对，如无错误，即成定本付印。如此以黑墨反复刷印，直到取得所需之印数为止。①

雕版印刷有许多优点，如书体变化，赏心悦目；纸墨经久，可以常存；装订轻便，易于修补。除此之外，雕版印刷主要有以下三个特点。

第一，雕版印刷原理简单，用料普通，没有技术门坎，没有材料限

① 钱存训：《中国纸和印刷文化史》，桂林：广西师范大学出版社，2004年，第176—181页。

制，很容易操作和掌握。雕版印刷的原理来自印章的“以反得正”，其基本技术就是反文阳刻。印章及反文阳刻在中国历代都是很普通的技术，很容易学习和掌握。雕版印刷的基本物料是笔墨纸砚和雕刻用的木板，基本工具是刻刀和刷子。笔墨纸砚有悠久的历史，制作技术成熟，供应充足。各种木料更是采集方便，刀刷也是很普通的工具。

第二，板片存贮，随需随印。与活字印刷完一本书后必须拆版不同的是，雕版印刷一次之后，雕刻的书板可以长期保存，以后只要需要，就可将存贮的板片拿出来重印。即使有时需要修改，也是非常方便。雕版板片可以存贮很长时间，有的甚至达几百年。美国国会图书馆藏有一部 64 本的魏书，原书的板片是宋绍兴年间（1131 年—1161 年）在杭州刻的，但有的本子直到明嘉靖十年（1513 年）才印，距雕版时间已有近四个世纪①。

第三，雕版印刷还有一个突出的特点，就是雕版印刷的过程充分人文化，其基本环节或组成部分与中国传统文化紧紧相连。

笔、墨、纸、砚，被称“文房四宝”。晋王羲之《笔势论》说：“夫纸者阵也，笔者刀矟也，墨者兵甲也，水砚者城池也。”笔、墨、纸、砚是中国传统士人尤其是书画家、文学家必不可少的武器，同时也是雕版印刷的最基本物料。

笔在我国有非常悠久的历史。自古有“蒙恬制笔”的传说，其实笔的历史比这传说更早。1987 年在湖北荆门仓山战国楚墓中出土一支毛笔，该笔置于竹筒之内，筒口有木塞封闭，笔长 22.3 厘米，其中毫长 3.5 厘米。北魏贾思勰《齐民要术》专门有“笔法”一章介绍制笔方法，晋王羲之更有《笔经》专谈制笔。到明清时期，最有名的笔是湖笔，也就是湖州产的笔。明徐献忠《吴兴掌故集》云：“湖俗出笔工，遍海内制笔皆湖人也。其地名善琏村。”据说当时湖州善琏村有笔厂四百余家，不论男女老少，十之八九都能制笔。评价一支笔的好坏主要是看笔毫，有四个标准，称为笔之四德：尖、齐、圆、健。尤以锋齐腰强为善，锋齐不难，而腰强为难。笔管也有讲究之处：普通毛笔的笔管都是一般的竹杆，好一点的就选用湘妃竹、棕竹做笔管。清乾隆皇帝最讲究服饰文玩，他用

---

① 恒慕义（Arthur W. Hummel）著，刘修业译：《中国活字印刷术之检讨》，载《活字印刷源流》（中国印刷史料选辑之三），北京：印刷工业出版社，1990 年，第 104 页。

的笔管有雕牙、玉管、玳瑁、青石、紫檀、红木、彩漆等，尽显富丽堂皇。对毛笔珍视与讲究的不仅是富贵如帝王者，一般士人对毛笔也是珍爱有加的。明高濂《遵生八笺·燕闲清赏笺》云：

汉末一笔之匣，雕以黄金，饰以和玉，缀以随珠，文以弱翠。非文犀之桢，必象之管，丰狐之柱，秋免之翰，则古人重笔之意般矣。①

文人之砚，犹农家之田，有“石友”之称。宋以前是徽州歙砚有名，宋以后端砚后来居上。歙砚出自徽州府婺源县之龙尾山，以青色绿晕多金星者为上。端砚产于广东端州（今肇庆），故名。砚石产在端州城东三十里之灵羊峡，有上、中、下岩之分，新、旧坑及水、旱岩之别，以下岩子石为第一品。色理莹润如玉，潴水发墨不损笔，磨无声。石之青脉者必有眼。砚工依石之天然形态及眼，雕成各种方圆、长方、椭圆之砚，成为一种特殊的美术工艺品。宋人有“琢紫端为砚，可值千金”之说。宋人因爱砚，故有米芾《砚史》、高似孙《砚笺》等专著流传。明清所贵者仍是端砚，尤其是经过宋、元名人用过的旧砚。乾隆皇帝对名砚非常爱好，多方收藏，并在砚上刻诗题记。士大夫阶层也有不少有砚癖的藏砚家，往往以宝砚斋、十研斋题其书房。他们除收藏古砚外，有时又自制新砚。

墨的历史同样悠长久远。考古发掘中有年代为春秋、战国、秦代的玉石、竹简或木简，以及在这些文物上用墨书写的文字，但传说中墨的发明者、书法家韦诞（179年—253年）只是在3世纪初。

中国墨的一个突出特点是品质优良。最早的著名墨师韦诞所制之墨曾被南齐竟陵王萧子良称誉：“仲将之墨，一点如漆。”中国历史上最著名的墨师当推李廷圭，李本姓奚，因在南唐李煜朝廷任造墨官，被赐姓李，以表彰其制墨之功。据说李廷圭所制用之墨“坚如玉，文如犀”，难溶于水，是以驰名。②宋初徐铉说他幼年得李廷圭父亲李超墨一挺，长不过尺，与弟锴共用，日书不下五千字，凡十年乃尽，磨处边际有刃，可以裁纸。③

---

① 转引自曹之：《中国印刷术的起源》，武汉：武汉大学出版社，1994年，第200页。

② 钱存训：《中国纸和印刷文化史》，桂林：广西师范大学出版社，2004年，第224页。

③ 张秀民：《中国印刷史》（修订本），杭州：浙江古籍出版社，2006年，第29页。

中国墨的优异质地也令外国人印象深刻。汉学家劳弗在介绍中国墨的优良品质时说：

> 首先，（中国墨）其色深而纯黑；其次，墨色永久不变，几乎不可褪除。中国的写本文件可浸于水中数星期之久而墨迹不被洗去……即使早在汉代写就的文件……其墨色光亮，保存完好，犹如写在昨日。其印刷品亦如此。凡元、明、清各朝皆有书籍流传至今，而纸张墨色皆完好如新，毫无湮漶。①

与文房其他三宝相比，墨在中国传统文化中的地位是最突出的。墨不但广泛地用于书写，而且本身即是一种重要的艺术品，并成为研究的题材。从唐朝开始墨被制成棱柱体形，棱柱形的一个特点，就是有若干个平面。在墨锭上制出数种平坦的面，因而可以刻花纹和题字。最早对墨面以花纹加以装饰的，是唐代在墨上饰以吉祥的动物如龙、鲤，并配以文字。明、清两代许多墨锭一面饰以图形而另一面饰以文字。图形常具有象征的意义，如龙、狮、鲤、鹿、松、鹤、龟、葫芦、梅花、石榴、笋等，还有风景、日常生活情景、发明、宗教人物及纯粹的符号等。墨上的题字有时镀金，字句则为有关制墨的方式、对图形的解释、格言、偈语、吉祥之词、诗词及书法等。墨锭也常制成各种特殊的形状，尤其是模仿其他艺术品的形式，如玉佩、古铜镜及古刀币等。清代则颇为流行成套的图饰墨锭，称为套墨。套墨常以一个共同的题材为中心，如各种不同的动物、八卦图、京城景色、名胜古迹等。成套的墨装在特制的锦匣中。

墨既然成为一种艺术品，很自然地也成了一种收藏品。三国时曹操就开始收藏墨，并且数量极多。据陆云《陆士龙集·与兄平原书》："一日上三台，曹公藏石墨数十万片。"以曹操既是文人又是一方霸主的双重身份，他的这种收藏恐怕有两种意图：一是出于对于墨的喜爱，二是也可能把墨作为一种重要物质加以储备。到宋代，藏墨之风大兴，士大夫不仅藏墨、品墨，有的甚至自己造墨。苏轼云："近世士大夫多造墨，墨工亦尽其技。"苏轼也笃好藏墨，收藏之墨达七千锭。司马光蓄墨也有数百斤，与苏轼同时的吕行甫也是著名的墨收藏家。士大夫闲暇时拿出墨

① 转引自钱存训：《中国纸和印刷文化史》，桂林：广西师范大学出版社，2004年，第217页。

和茶互相品鉴，“茶以白为尚，墨以黑为胜”。到明、清两代，皇室内府大量收藏名墨，对藏墨之风推波助澜。清代更风行礼墨，用锦匣装置各式寿星、八仙等墨样，以便友朋间互赠。

墨既然是如此风雅流行，中国古籍文献中自然就有了广泛记载数以百计的造墨人的姓名和事迹，并有多种研究墨学及讲述墨的掌故的专门著作。其中最有影响的有两种：一是《墨谱》，方于鲁（约于 1580 年在世）所撰。书中收录墨锭图案 380 余幅，以纹饰及内容分列为六类，并附有题跋多篇，1588 年刊行于安徽歙县。18 年后，方氏的同行程大约（约 1541 年—1616 年）印行了又一部《墨苑》，其中收录彩色图样约 500 幅，并附有友人所撰诗词、题跋等。

笔、墨、纸、砚首先是书写的工具，书写贵纸笔调和，墨砚精良，否则虽能书，亦不能善。在中国历史上，它又是一种艺术品，为文人所珍玩。其实在中国特有的文化传统中，文房四宝甚至有一种形而上的意义，成为一种传统、一种文化、一种生活和追求。可能正是因此，才有了“明窗净几，笔砚纸墨精良，为人生一乐”的境界。在雕版印刷过程中，通过写样、上板、刊刻及刷印等环节，笔、墨、纸、砚既充分发挥了其作为基本印刷物料的作用，又充分体现了其作为艺术元素的独特传统人文价值。在中国传统出版中，雕版印刷的过程是一个充满文化艺术氛围的过程，是一个充分人文化的过程。

三、中国传统印刷以雕版印刷为主

中国历史上虽然早在北宋时就已发明活字印刷，但活字印刷一直未能替代雕版印刷成为中国印刷的主流，活字本的数量仅及雕版书的百分之一二[①]。

对雕版印刷而不是活字印刷占据中国传统印刷主导地位这一现象，众多研究中国印刷史的专家给予了不同的解释[②]。钱存训和苏精都认为，

① 张秀民：《中国印刷史》（修订本），杭州：浙江古籍出版社，2006 年，第 630 页。

② 关于这一问题的论述请分别见张秀民：《中国印刷史》，杭州：浙江古籍出版社，2006 年，第 630—632 页；钱存训：《中国纸和印刷文化史》，桂林：广西师范大学出版社，2004 年，第 203—204 页；苏精：《礼逊与中文印刷出版》，台北：台湾学生书局，2000 年，第 3—5 页。

雕版印刷在中国传统出版中占主要地位是因为活字印刷不适应中国文字。他们认为：欧洲各国的字母文字，便于利用活字印刷图书。以英文 26 个字母为例，包括正斜体、大小写、数字、符号在内，只需要 150 个左右的一副活字便足够排版印书，而且活字可以重复使用或重新铸造，这远比木刻同一字一再出现时必需逐一雕刻简便迅速。相对于此，中国的表意文字总数在 4 万以上，即使只计常用字，一副活字至少需要 6 000 个不同的字以上才勉强可用。由于中西方文字的差异，活字的基本需要量悬殊到 40 倍。这一差异反映在制造和经营成本上，就非常不利于中文活字印刷的发展。张秀民先生基本上也持此观点，他认为因为中文字数多，活字制造一次性成本也就相应很高。他说：

> 一般情况下，常用字要备数个甚至数十个，而且为排印不同的字体、正文和注解，同一个字往往要有两种以上，因此一副活字可能要超过二十万个活字。雕刻这些活字的成本，是一般从事印刷业的人承担不起的。能够下大投资，制造一套活字的人不多。若用泥活字，虽然成本不高，但是很费时，清代翟金生苦心经营 30 年，才成十多万个泥活字。元代王桢雕刻的三万个木活字则用了 2 年的时间。①

苏精还专门从中西方活字制造技术上的差异来探讨这一问题。西方的活字是从字模中铸造出来的，因此活字产量高，而且同一副活字每个大小尺寸与字形都是整齐划一。中文活字则是逐字雕刻，这样不仅生产量低，而且每个字的笔划字形都很难做到整齐划一。还有学者专门归纳了所有类型的中文活字在技术上的不足，如泥活字以烧土做成，易残损，不易于长久保存；木活字木质有伸缩性，沾水后高下不平；锡活字难于沾墨，印刷字迹多模糊不清；铜活字则雕刻费时。还有活字印刷本身存在的问题，如活字存放易于丢失错乱，不便保存；活字排版后，容易分合移动，易使文字错乱，文章发生讹脱等。②

这些解释在一定程度上是站得住的，但从严格意义上讲，这里讲的

---

① 张秀民：《中国印刷史》（修订本），杭州：浙江古籍出版社，2006 年，第 630—631 页。

② 丁瑜：《我国雕版印刷术与活字印刷术的比较研究》，载《活字印刷源流》（中国印刷史料选辑之三），北京：印刷工业出版社，1990 年，第 128 页。

只是技术层面或表面层次的原因，并不是根本的原因。如果文字系统的天然差异是活字印刷不适应中文的根本原因，那我们又如何解释中文活字印刷在19世纪中后期以后几乎一统天下的事实呢？活字制作技术上的差异更不成其为主要的障碍，因为活字制造技术并不是十分复杂的高深、艰难技术，而且技术不过关并不代表技术本身就存在问题。我们如果从印刷与出版的关系出发，从中西出版生态的差异出发来探讨这一问题，或许会有一个更好的解释。

活字印刷的基本特点是，活字排版印成书后，就拆版归字。活字印刷的主要工力是在检字、排字，以及印毕后拆版，将活字归还原处以备再用的程序。刷墨及覆纸并在纸背刷印，只占使用活字印刷全部工力的较小部分。这一特点决定了活字印刷的优点只有一次性印数大时才能体现出来。沈括在《梦溪笔谈》中就说："若止印三二本，未为简易，若印数十百千本，则极为神速。"也就是说，一次性印得越多，活字印刷的优点体现得就越充分。

活字印刷的另一个特点是，一副活字可印刷多种图书。在活字印刷中，"排版印书，拆版归字"是一种循环的过程，从理论上讲，一副活字可以印无数种书。一副活字印的书种数越多，这副活字成本就越低，活字印刷的优点体现得就越充分。

活字印刷的这两个特点是十分适合欧洲出版业的。从15世纪中叶活字印刷发明之后，欧洲的印刷业迅速发展为一个十分兴旺的产业，印刷铺遍布欧洲。当时欧洲是一个统一的图书市场，图书销售的网络基本形成，而且还有法兰克福书市等大型的图书交易会。作为一种商业生产，每种书的印量一般在500～1 000本之间。印刷业的兴旺带动了印刷业内部进一步分工，这时出现了专门的活字铸造商。①

在欧洲，出版是一个新兴的产业，印刷商或书商追求的是赢利最大化，图书达不到一定的量，他们根本就不会开印。由于专业铸字商的出现，印刷商的投资成本也就被分担而降低。中国的情况与此形成鲜明的对比。出版图书主要不是为赢利，图书的印量很少有超过一百本的。不

① 关于欧洲15世纪—17世纪印刷出版业的发展，请参考：Lucien Febvre& Henri-Jean Martin：The Coming of the Book：The Impact of Printing 1450—1800，New York：Verso Co.，1997.

仅一本书的印量少，而且因为印制图书者并不是专门的职业出版商，他们或是官员，或是学者，或是政府机构，所印的图书一般种数也是很少，只印一种书也是很平常的。在这样的出版生态下，活字印刷当然是无用武之地了。在某种程度上可以说，活字印刷是一种商业出版的印刷技术，它对于非商业性的中国传统出版而言，并不是一种最合适的出版技术。

与活字印刷对于中国传统出版来说投入过大、技术不完善的缺点相比，雕版印刷投入少、技术完善的特点则在中国传统出版中得到了充分的体现。关于投入，可以从刻工的工价来作一分析。明万历时，“每字一百，时价四分”。到明崇祯末时工价略有下降。毛氏汲古阁广招刻工，其时银串每两不及七百文，三分银刻一百字。三四分银钱可以做什么呢?据张秀民先生考证，万历三十三年，每僧一日饭食算银一分。也就是说，刻工辛苦一天的工资只可以供三四个人吃一天的饭，按当时普遍是大家庭的情形，要养活一家老小还有些困难①。到清朝时刻字工价略有上涨，顺治元年北京刻字工价每百字约银六分，康熙年间又增二分为八分，比明万历时贵为一倍。这里所说的刻工都是指雕版的刻工，活字刻工的工价就远不止这些了。乾隆三十九年雕刻武英殿聚珍版枣木活字，写宋字每百个工银二分，刻工每百个银四钱五分，刻铜字人每字工银二分五厘。②也就是说，木活字的雕刻工钱是雕版刻工的 10 倍多，而铜活字的雕刻工钱则是近 50 倍。反过来说，雕版刻工的工价只有活字雕刻工价的 1/10或 1/50。这还只是刻工工价一项，若加上时间和材料的消耗，其成本相差可能达 100 倍。

其实投入和成本并不是雕版印刷在中国传统出版中占据主导地位的根本原因。一项技术的投入和成本是相对的，并不是绝对的。如果一项技术可以产生很大的效益，那么规模效益越大，则技术的投入和成本就越小，也就是说，一项技术的投入是与这项技术所产生的规模效益成反比的。就活字印刷与雕版印刷来讲，对于欧洲出版业来说，活字印刷技术的投入和成本就不是显得特别突出，因为在欧洲出版业中，活字印刷

① 张秀民：《中国印刷史》（修订本），杭州：浙江古籍出版社，2006 年，第 668 页。

② 张秀民：《中国印刷史》（修订本），杭州：浙江古籍出版社，2006 年，第 674 页。

技术能够产生很好的收益；对于中国传统出版来说，活字印刷的投入和成本问题就显得很突出，因为活字印刷在中国传统出版中没有条件产生很好的收益。我们这里涉及的实际上是印刷技术与出版生态环境的关系问题。从这个角度来看，雕版印刷而不是活字印刷在中国传统出版中占据主导地位的根本原因是因为中国传统出版有适应雕版印刷生存发展的生态环境，或者说是因为雕版印刷的特点很适合中国传统出版的生态环境①。

第二节　中国传统出版的特点

一、出版主体的广泛性

中国古代刻书者众多，清末学者叶德辉在《书林清话》中将刻书分为三类，即官刻、家刻（或私刻）和坊刻。自叶氏分类出，中国书史和印刷史专家多从其说，如刘国钧、张秀民等著名学者都是采取这种分类方法的。也有学者采取的是另一种三分法。如李致忠在《历代刻书考述》中论及宋代刻书时说："宋代的刻书机构，按其投资和经营的性质大体可分为官刻、私刻和民间刻三大系统。"②关于"民间刻"，他认为是"介于官刻、私刻之间，它们所刻书的投资有的既非公帑，亦非个人私家之钱，而是靠民间集体的力量集资刻书。如某些寺院、道观、祠堂等，用募捐或家族积累所刻的书，就是这类性质。"③ 持这种观点的还有章宏伟的《出版文化史论》。④还有学者用五分法来概括中国传统刻书。肖东发的《中国图书出版印刷史论》将中国古代刻书分为寺院刻书、民间坊刻、中

---

① 当然，中国传统出版中也有适合活字印刷的"小环境"。这种小环境有两种情形：一是不在乎投入和成本的出版行为，如部分朝廷出版项目；一些不计较投入的活字印刷的热心实践者。中国历史上的活字印刷大都是在这种情况下进行的。二是明清时期一些家谱的活字印刷。家谱虽然也是印数不多，但家谱一般 30 年一修，并且重修必须重新排版，所以不存在重复印刷的问题。再加上并不是每一个家族都有能力自行雕刻印刷，所以被称为"谱匠"的专业印刷者出现了。他们肩挑活字在各地流动印谱，一副活字印很多种家谱，这种情形与欧洲的情形就有点相似了。

② 李致忠：《历代刻书考述》，成都：巴蜀书社，1990 年，第 63 页。

③ 李致忠：《历代刻书考述》，成都：巴蜀书社，1990 年，第 64 页。

④ 章宏伟：《出版文化史论》，北京：华文出版社，2002 年，第 144 页。

央和地方政府刻书、私家刻书和书院刻书五大系统来论述。[①]刘尚恒在《徽州刻书与藏书》中则将刻书分为官刻、私家刻书、坊刻和社团刻书四大部分。他所说的社团刻书主要是指祠堂、家族所刻的谱牒类书，包括宗谱、族谱、家谱、房谱、支谱、统宗谱等。这类书除极少数为个人所纂外，大多是在祠堂设谱局，聚集本族族长、文人，通力编纂，成书以后，则往往由祠堂公款（如祭田田租）支出，或者由全族人按人丁分派捐助，它既不属于官刻，也不能视为私刻，故称之为社团刻书。另外，旅外各地的同乡会、会馆所刻的征信录、会馆录之类，也属此类。[②]以上各种分类都有一定的道理，虽然它们所遵循的原理和方法不同，但是却都从一个侧面反映了中国古代刻书者众且种类多这一事实。

这里要论述的是中国传统出版的最基本特征，刻书者众且种类多就是中国传统出版的基本特征之一，我们把这一特征称为中国传统出版主体的广泛性。其实，从体现出版主体的广泛性这一角度出发，中国古代刻书者可以分为两个方面：一方面是官府；另一方面是非官府的民间。官府刻书包括中央和地方政府刻书；民间刻书则包括了政府之外的所有刻书，包括寺院庙宇等宗教团体的刻书，书院学校等教育机构的刻书（虽然古代学校具有官方性质，但就其功能或行为特征来说仍是民间的），以祠堂、家族等名义刻书的社团刻书，以个人名义或者以其家塾（包括室名斋号）刊刻的私家刻书，以及以“书林”名义为赢利刻书的坊间刻书等。这一“两分法”可以概括中国古代所有类型的刻书者。

一般来说，相对于“非官方”的民间而言，在任何社会中，官府都是相对单一的，但中国历史上的官府刻书却是异常地多。下面就从相对单一的官府刻书来看中国古代出版主体的广泛性特征。

各级各类官府普遍刻书从宋朝开始。宋时中央政府各殿、院、监、司、局；地方各州（府、军）县、各路茶盐司、安抚司、提刑司、转运司、漕司、公使库、仓台、计台；各州学、府学、军学、郡斋、郡庠、学宫、学舍，各县斋、县学及各地书院等机关单位，都用公帑刻书。[③]

---

① 肖东发：《中国图书出版印刷史论》，北京：北京大学出版社，2001 年。

② 刘尚恒：《徽州刻书与藏书》，扬州：广陵书社，2003 年，第 76 页。

③ 李致忠：《历代刻书考述》，成都：巴蜀书社，1990 年，第 63 页。

官府刻书最为兴盛的是明朝。清袁栋《书隐丛说》称“官书之风至明极盛，内而南北两京，外而道学两署，无不盛行雕造”[①]。明代官刻有三大系统：一是皇室和中央政府各部门的机构，二是地方政府的刻书机构，三是藩王府。

明中央政府刻书最早的是秘书监。秘书监刻书是元朝旧制，明洪武三年（1370年）三月复置，令掌内府图籍，洪武十三年（1380年）七月罢废，共存10年时间。秘书监刻书有明确记载，可惜的是现在不见存书。明国子监是中央政府刻书的中心机构。国子监又称国学、国子学，也称太学，是中国历代皇室最高的教育管理机构兼最高学府。由国子监刊书始于五代，一直延续到明清。周弘祖《古今书刻》录南京国子监刻书271种，北京国子监仅41种。司礼监是明皇室由宦官掌管的内府二十四衙门之一，司礼监下设经厂，负责刻印皇帝批准的各种图书，与国子监一样是明皇帝的两大出版机构之一。经厂的规模很大，管理人员有掌司、提督、监工等，各类工匠则有1 500多人，是一个十分庞大的出版机构。经厂所出的书，据缪咏禾先生考证，约有200种。[②]经厂刻书以《佛藏》、《番藏》、《道藏》（称为“三藏”）最为有名。由于经厂经费充足，人力、物力充裕，所刻书讲究气派，用料考究，开本大，字体也大，称为“经厂本”。

中央政府其他部门刻书的还有礼部、兵部、工部，另外詹事府、都察院、钦天监、太医院等都有刻书。詹事府下设有司经局，设“洗马一人，从五品；校书，正九品；正字，从九品，各二人。洗马掌经史子集、制典、图书刊辑之事。立正本、副本、贮本以备进览。凡天下图册上东宫者，皆受而藏之”[③]。都察院刻书是很少见的，但明朝不仅刻书，而且还刻书不少，仅周氏《古今书刻》就录了都察院刻书33种之多，其中有《杜诗集解》、《三国志演义》、《水浒传》等。钦天监则只管刊印每岁历书样本，太医院则刊刻有关医药方面的书。

地方政府刻书包括省和府、州及县两级政府刻书。明有十三省，省的正式名称是布政司。除布政司外，省级机构中还有按察司、学署等机

---

① 转引自李致忠：《历代刻书考述》，成都：巴蜀书社，1990年，第217—218页。
② 缪咏禾：《明代出版史稿》，南京：江苏人民出版社，2000年，第52页。
③ 转引自李致忠：《历代刻书考述》，成都：巴蜀书社，1990年，第217—220页。

构，有的地方还有一些专门机构如盐运司、督粮道、卫所巡道等，这些机构都有刻书。以陕西为例，明版书中标明“陕西布政司”字样的书，《古今书刻》中有35种，《明代版刻综录》中有4种。[①] 明朝有府和州百数十个，县一千一百多个，大多数府、州、县都有刻书活动。这类刻书有的是从外地请工匠刻印，有的只是委托基础较好的邻县代印，书上却仍然标明“××县署刊”。地方政府刻书的内容多为地方志，还有当地名贤的著作，另有一些是介绍当地风光特色的书。如山东泰安就刻有关于泰山的书多种，如《泰山搜玉》、《泰山纪事》等。

明代实行封王制度，皇帝的儿子，除了立为太子的以外，其余诸子年满十岁时都封为亲王，又称郡王、藩王。大多数藩王都利用优厚的物质条件刊刻书籍。藩王刻书是明代特有的现象，在明代刻书中占有重要的地位。张秀民先生综合各方面资料，考证明藩王42王府，93人，共刻书430种。[②]

政府刻书在清朝有其独特性，这主要是由有清一代的政治形势发展决定的。清中前期，政府刻书主要是清朝廷刻书，地方政府很少刻书，而且朝廷刻书也改以国子监为主而以内府为主。武英殿基本上是清前期唯一的中央刻书机构，国子监只是作为明代北监旧版，以及贮存武英殿刻版的仓库。这主要是因为前清时期政局不稳，统治者力图把刻书事牢牢抓在手上。到清中后期形势则发生了根本的变化，清中央政府武英殿刻书日益减少，政府刻书主要以地方为主。武英殿刻书最多时是康熙时刻书51种，乾隆时刻书163种。从道光年间始，道、咸、同、光、宣，五朝共90年，内府刻书总共才36种。与内府刻书日益式微相对应的是，地方政府刻书又普遍兴起。但此时的地方政府刻书又不同于前朝，清后期兴起的是官书局。以前是各级各类地方政府兼职刻书，地方并没有专门的刻书机构。官书局是地方另设的专门刻书机构，它始于曾国藩于咸丰十一年（1861年）创设的江南官书局，后各省基本上都设立了官书局或类似机构。官书局成为晚清地方政府刻书的最大特色。

从宋到明清，虽然官府刻书的情形在不同历史时期有不同的特点，

① 缪咏禾：《明代出版史稿》，南京：江苏人民出版社，2000年，第56页。

② 张秀民：《中国印刷史》（修订本），杭州：浙江古籍出版社，2006年，第292—308页。

但有一点是可以肯定的，即从理论上讲，任何一个官府机构都可以刻书，都可能是刻书者，或者说都可能成为一个出版主体。

不仅是官府如此，民间也是这样。任何一个人只要有刻书这一愿望，又有一定的能力，他就可能刻书。明代“书皆可私刻”，社会刻书风气最盛。李贽云：“戴纱帽而刻集，例也。”嘉靖时凡榜上有名者必刻稿，万历时凡做过官的无不照例刻集子。《徽州的刻书与藏书》收录明代徽州本地私家刻书 258 人，刻书 377 种。[①] 缪咏禾认为，明代的官、私刻书机构总共有 6 000 余个，其中私家刻书有 4 200 余家。[②]私家刻书有经、史、子、集、丛，门类繁多，既有郡贤、乡贤、先祖及本人著述，也有我国典籍中经久不衰的代表性著述，除了“正史”以外，基本上应有尽有。张秀民《中国印刷史》引王慎中、唐顺之相谓曰：“（明朝时）数十年读书人能中一榜，必有一部刻稿，屠沽小儿没时必有一篇墓志。此等板籍幸不久即灭，假使尽存，则虽以大地为架子，亦贮不下矣。”又云：“近时这稿板，以祖龙手段使之，则南山柴炭必贱。”[③] 这里虽然是对明代刻书之多进行讽刺，但它反映的还是私家刻书之多的事实。“书皆可私刻”，换句话说就是“人皆可刻书”，这就是说，中国传统出版的主体具有最大的广泛性，这是中国古代刻书的一个特征。[④]

中国传统出版主体的广泛性是与雕版印刷的特点相联系的。前面说过，雕版印刷原理简单，用料普通，没有技术门坎，没有材料限制，很容易操作和掌握。再加上投资不大，也没有初期的投资门坎，这就为社会各类机构和个人刻书提供了极大的方面。如果雕版印刷需要掌握专门的技艺，或者需要专门的设备和材料，而且也需要较大的投资，那么即使有中国这样的政治文化传统，中国古代刻书也不会如此的普遍。而且正是因为雕版印刷的简单易行，中国传统出版很多都是“著刻一体”。

---

① 刘尚恒：《徽州刻书与藏书》，扬州：广陵书社，2003 年，第 60 页。

② 缪咏禾：《明代出版史稿》，南京：江苏人民出版社，2000 年，第 62 页。

③ 张秀民：《中国印刷史》（修订本），杭州：浙江古籍出版社，2006 年，第 240 页。

④ 古时政府也有“禁刻”的时候。如宋罗壁在《识遗》一书中提到：“宋兴，治平之前犹禁擅镌，必须申请国子监。熙宁后方弛此禁。”元代对出版管理也很严格，刻书要逐级上报审批。清初也有禁刻之令。但古时所禁者侧重于内容，并不对出版资格设限。而且从总体上看，设禁只是短暂的特殊情况。

"著刻一体"有两种情况：一是编撰著述与刻印是同一个机构，如国子监、武英殿、各类书院、寺院等既是编撰者也是刻印者；二是私家刻书，很多民间的私人刻书是自著自刻，尤其是学者文人的刻书。

二、出版目的的非赢利性

中国古代中央政府有规模的刻书是从五代时开始的，首倡者为冯道。冯道（882年—954年），五代时瀛洲景城（今河北交河）人。后唐长兴三年（932年）二月，他以"诸经舛谬"为由，与宰相李愚上奏唐明宗，请令国子监校定"九经"，刻版印卖。奏章中说："汉时崇儒，有'三字石经'。唐朝亦于国学刊刻。今朝廷日不暇给，无能别有刊立。尝见吴、蜀之人，鬻印板文字，色类绝多，终不及经典。如经典校定，雕摹流行，深益于文教矣!"① 冯道的这一奏请很快得到后唐明宗的批准，并作了具体指示："令国子监集博士儒徒，将西京石经本各以所业本经句度抄写注出，仔细看读。然后雇召能雕字匠人，各部随帙刻印版，广颁天下。如诸色人要写经书，并须依所印敕本，不得更使杂本交错。"② 在雕版印刷出现之前，中央政府为了提倡儒学，提供儒家经典的范本，就把儒家经典雕刻在石碑上，立于学宫，称为"石经"。最早的石经是东汉的"熹平石经"。这里所说的"西京石经"是指唐朝开成年间雕刻完成的"开成石经"。后唐明宗依冯道等的建议把"开成石经"雕版印刷，其目的与以往雕刻石经是一样的，仍然是提倡尊崇儒术，为文人士子立定读经写经的范本。不同的只是所使用的技术手段不同罢了。这次刻印经书，从后唐长兴三年（932年）开始，到后周广顺三年（953年）才将儒家经典"九经三传"全部完成。这20年中经历了四个王朝的更迭，但经书刻印工作不为动乱所影响，这充分说明了刻印经书这一工作是中国历个封建王朝的共识。事实上正是从这一次雕印开始，历朝中央政府都无一例外地重视所谓的"正经"的刻印工作，直到清代。

中央政府的刻书目的也是多样的，其目的受皇帝个人和当时社会政治环境的影响很大。康熙皇帝本人多才多艺，在政治稳定的时候，他提出了"稽古右文"的文治口号，所以康熙一朝内府刻印了较多的诗文集：

---

① 《册府元龟》卷六〇八，学校部·刊校。

② 《五代会要·经籍》卷八。

康熙一朝内府刊印诗词文赋等文学作品达 20 种 3 367 卷，种数上占康熙时全部内府刻书的约百分之四十，而卷数上已占到百分之六十六①。雍正是在激烈的宫廷争斗中登上皇帝宝座的，所以他在即位的第二年首先颁刻《圣谕广训》一卷。《圣谕》本是康熙九年（1670 年）颁发的，以作为人臣的行为准则，凡十六条。雍正抓住圣祖这十六条圣谕作为威慑力量，加以注释发挥，成《圣谕广训》一卷，用以规谕人臣，稳固自己的皇位。

私家刻书以刊其先人、乡贤、本人及师友著述为主，如子刻父书、孙刻祖书、弟刻兄书、侄刻叔书、生刻师书、后人刻乡先贤书及友朋间刻书等。一般认为，私家刻书是为了名。这几种刻书，是在所谓“先人手泽、先人遗著，不忍湮没”的情况下刊刻的，其意在阐先人之潜德，发思古之幽情，藉以提高家族、地域的名望，提高自己的名望，博取社会名誉②。张之洞《书目答问》附“劝人刻书说”云：

> 凡有力好事之人，若自揣德业学问不足过人，而欲求不朽者，莫如刊布古书一法。其书终古不废，则刻书之人终古不泯，如歙之鲍、吴之黄、南海之伍、金山之钱，可决其五百年中必不泯灭，岂不胜于自著书、自刻集乎！且刻书者，传先哲之精蕴，启后学之困蒙，亦利济之先务，积善之雅谈也。③

叶德辉说：“积金不如积书，积书不如积阴德，是故然矣。今有一事，积书与积阴德皆兼之，而又与积金无异，则刻书是也。”④张之洞、叶德辉也是把刻书与留名、积德联系在一起，来劝人刻书。但如果我们以此认为，古代私家刻书都是为名所动，那就片面了。张之洞、叶德辉劝说的对象是一般的文人士子，就如张之洞所说：就是“有力好事”而“学问不足”之人。

很多私家刻书则是学问过人者所为。李致忠先生说：“清代私家刻书，可称道者大约是两路人。一类是学者，一类是藏书家，有时又是一身兼二，两路合一。”⑤清代的很多读书人、学问家和藏书家，受汉学之风

---

① 李致忠：《历代刻书考述》，成都：巴蜀书社，1990 年，第 295 页。

② 刘尚恒：《徽州刻书与藏书》，扬州：广陵书社，2003 年，第 197 页。

③ 张之洞撰，范希曾补正：《书目问答补正》，扬州：广陵书社，2007 年，第 218 页。

④ 叶德辉：《书林清话（外二种）》，北京：燕山出版社，1999 年，第 8 页。

⑤ 李致忠：《历代刻书考述》，成都：巴蜀书社，1990 年，第 340 页。

影响，埋头于考据辑佚和校勘之学，而于古书便倡导恢复本来面目，故校刻古书既多且好。如金山钱熙祚的守山阁、歙县鲍廷博的知不足斋等都新刻、翻刻了不少古书。如鲍廷博于乾隆三十年（1765 年）所刻宋汪元量撰《湖山类稿》，书品宽大，刻印精美。而校辑所藏秘籍刻成的《知不足斋丛书》30 集，更是书林貂裘，遐迩知名。顾千里是一位态度严谨的校勘家，名重当时，很多学问家、藏书家都邀他代为校刻图书。顾千里校刻的书，几乎都是选最好的本子作底本，要用多种不同的版本互校，还要将校勘所得写成考异、考证、识误或札记附于书后，其严谨认真，倾心竭力，可见一斑。这些学问家、藏书家之刻书应该在求名之上。

私家刻书在求名之外另一追求就是求学术，这一追求对中国传统学术文化有独特的贡献。明代徽州私家刻书中有多达 107 种医学著述。这些著述或由本人、或由子侄和弟子整理刊刻行世。这些著述涉及医学经典的注释、理论的发挥、诊断、方药、运气等方面，而且覆盖内、外、妇、儿、伤、喉、眼、针灸、推拿等各科，极大地丰富了中国传统医学。清康熙四十二年（1703 年）徽州婺源汪立名的一隅草堂刻《白香山诗集》40 卷附《年谱》2 卷，是千年以来第一个对唐代著名大诗人白居易的诗集加以整理的本子，而且是清代以前白居易诗集中最好的本子。一些学术文化名著都是通过私刻才得以保存流传下来。如徐光启的《农政全书》于崇祯十二年（1639 年）由其学生陈子龙筹措刊刻。宋应星的《天工开物》于明崇祯十年（1637 年）写成后，由其同科举人涂伯聚初刻。《徐霞客游记》由其庶子李寄于清康熙二十三年（1684 年）根据几种抄本整理刊刻。《山海经》（晋郭璞注）、《水经注》（北魏郦道元撰）是扬州仪真（今仪征）项氏群玉堂于康熙五十四年（1715 年）刊刻的。《说文解字》（汉许慎撰）为扬州“马氏丛书楼”于乾隆年间刊刻。《鬼谷子》（南朝梁陶弘景注）由清江都人秦恩复于乾隆五十四年（1789 年）刊刻。魏源的《海国图志》就是魏源自著自刻的，清道光二十三年（1843 年）初刻，道光二十七年（1847 年）重刻于扬州。

以上我们只是简略地探讨了中央政府刻书和私家刻书的目的，对于其他形式的刻书这里没有涉及。这主要是因为其他形式的刻书其目的很明确，如寺院刻书是为宗教，书院学校刻书是为了教育，坊间刻书是为了逐利。从以上对官、私刻书目的的分析可以看出，在中国古代，刻书主体多种多样，其刻书的目的也是多种多样的。在这种多样性中我们也能看出其共性的一面：官刻图书主要是把图书当作体现统治者意志的一种载体，当作为政治服务的一种工具，具有较强的功利性；私家刻书在图名的表面下其实有着很强的使命意识，从各种私家刻书中我们看到了一种民间社会对出版事业、对学术文化事业的一种自觉投入，这种投入既是精神的也是物资的，既有心力的投入也有钱财的投入。图书虽然是一种知识文化信息的载体，但作为一种产品，它具有很强的商品属性。但上面论及的无论是官刻还是私刻，我们都很少看到图书是作为一种商品来生产的。非商品性生产就是这种多样性中的一个突出的共性。

中国传统出版中唯一纯粹把图书当作商品来生产的就是所谓的“坊刻”。其他形式的刻书中也有把书拿来卖的，如宋公使库刻书，但这只是极偶然的个别现象，并不具备代表性。即使是以赢利为目的的坊刻，其在整个中国传统出版中所占的比重也很小，分量很轻。据缪咏禾先生推算，有明一代共有出版者 4 879 家，其中属于官刻的 227 家，属于坊刻的 409 家，其余都是私家刻书。坊刻只占整个出版者的百分之八。若把地方志出版者算进来，明代的出版机构将达到 6 000 个，这样坊刻所占比例则只约百分之七。[①]坊刻不仅出版单位数量少，在整个出版中的地位也不高。一则出版质量差，二则内容重复，多为蒙童用书、科举考试用书等。基于这一点，我们可以说，从整体上看，中国传统出版的目的主要是一种非赢利性的目的。

分析中国传统出版还可以看到一个独特的现象：中国古代虽有专门的刻工、印工，甚至手写上版的写工也在一定程度上存在专业化的特征，而且古代的造纸、制墨、制笔、制砚等也发展为有传统、有规模的行业。但是奇怪的是，古代的印刷并没有形成一个独立的行业，中国古代并没有专门的刻坊、印坊。这与中国传统出版及雕版印刷的特点是相联系的。前面曾经指出，中国传统出版存在“著刻一体”的现象。所谓“著刻一体”，也可以说刻印是依附于著述的，或者说著为主刻为辅。这主要是因为雕版印刷的简单易行，加上整个社会普遍存在的著述、刊刻冲动和可能，这就造成了出版主体的无限广泛性。另外，中国传统出版主要是一种非赢利目的的社会行为，用现在的话说主要是一种“事业”而非“产业”。在这样一种非产业环境中，中国传统出版从总体上说就是一种非产业性的“事业”。

---

① 缪咏禾：《明代出版史稿》，南京：江苏人民出版社，2000 年，第 62 页。

第三章　传教士与近代活字印刷的引入[①]

早在16世纪末，中国和西方印刷术就有一次无意中的交会。1579年，意大利耶稣会士范礼安（Alexandre Valignani）到达日本，随后日本在1582年派遣使节赴欧。这些使节从欧洲带回一部印刷机于1588年途经澳门，并在此停留了两年左右的时间（1588年—1590年）。[②]其间这部印刷机还印刷了3或4本书，只是其中没有任何中文字，而且担任印刷的是日本人而非中国人。17世纪初，因日本实行严厉禁止天主教、驱逐耶稣会士政策，这部印刷机又被送到澳门并停留大约6年（1614年—1620年）时间，后终于被转卖到菲律宾的奥古斯丁修会。

中国这次与西方印刷术的失之交臂，大致有两方面的原因。第一，此时耶稣会士对中国的传教尚未打开局面。最早试图进入中国传教的耶稣会士是沙勿略。他在日本传教时了解到中国是一个历史文明悠久的国家，而且日本人对中国文化极为景仰。因此他认为“使日本归依之善法，莫若传播福音于中国”。为此，沙勿略决定离开日本前往中国，但几次尝

① 在中国近代出版史上，甚至在整个中国近代史上，基于传教背景下的出版活动是非常重要的一个历史现象。对于这一历史现象，我们一般都称之为“教会出版”。本书在涉及这一问题时，在一般情况下也会用“教会出版”这一用法，但在具体的论述中会使用“传教士的出版活动”、“传教士与近代出版”、“传教士出版”等说法。这主要是基于以下三个理由：第一，在具体的出版活动中，我们所见的是传教士个人，教会在传教士的后面；第二，传教士的个人作用在具体的出版活动中起了主要的支配作用，有时传教士在从事某些具体出版活动时在客观上与其所属教会并无关系；第三，“教会出版”这一概念有时并不能概括一些与传教士有关的重要出版现象，如广学会的出版活动等。

② 谭树林：《马礼逊与中西文化交流》，杭州：中国美术学院出版社，2003年，第280页。这段史实另见苏精：《马礼逊与中文印刷出版》，台北：台湾学生书局，2000年，第79页。

试未果，却于1552年12月死于中国的上川岛。第二，此时的耶稣会士对中国传统的雕版印刷抱持一种肯定和欣赏的态度。如利玛窦对中国的木刻板印就极为推崇，他说：

他们的印刷比我们的历史悠久，因为在五百年前已经发明了印刷术，但与西方的有所不同。中国字的数目极多，不能用西方的方法……这种方法为中国字相当容易，因为常比我们的字大，西方文字用这种方法就不容易了。

至论速度，我觉得，西方的印刷工人排版与校对一张所用的时间，与中国工人刻一块版所用的时间不相上下，也许中国工人用的时间还要少一点。所以印一本中国书比一西方书的费用较低。中国人的办法还有一个优点，即木版常是完整的，何时想印就印；三四年后，也能随便修改；改一个字易如反掌，改几行字也不甚难，只需把木版加以裁接。……①

利玛窦是从西方人最在意的实用与经济的角度对中西印刷作的比较，仅从这一角度来看，西方印刷在当时并没有明显的优势。这一方面是因为中国印刷术的实用与成熟；另一方面，也是因为西方的印刷术在此时正处于一个发展过程中，和雕版印刷相比，它本身也有许多需要改进的地方。正因为如此，当时来华的其他修会传教士在中国出版的中西文著译，都是以中国传统方式印刷的。这一现象一直延续到马礼逊来华的最初阶段。

第一节　马礼逊与中文印刷出版

罗伯特·马礼逊（Robert Morrison）1782年1月5日出生于英国北部诺森伯兰郡莫珀斯的布勒氏格林（Buller's Green），他是全家8个子女中最小的男孩。马礼逊的父亲詹姆斯·马礼逊（James Morrison）是一位农场工人，在罗伯特3岁时，他父亲就迁居到了纽卡斯尔，并在那里经营鞋楦生意。② 马礼逊的父亲是一个属于新教长老宗的热心基督教徒，他

① 刘俊余、王玉川译：《利玛窦全集》（1），台湾：光启出版社，1986年，第17—18页。

② 关于马礼逊的生平请参考顾长声：《马礼逊评传》，上海：上海书店出版社，2006年；（英）汤森著，王振华译：《马礼逊——在华传教士的先驱》，郑州：大象出版社，2002年。

带领全家每天早晚举行家庭礼拜，每逢星期日，便带领全家到教堂礼拜。詹姆斯经常教导子女信奉基督教，恪守基督教义。他被选为纽卡斯尔长老教会的长老多年，行事为人都受到信徒和一般民众的敬重。

马礼逊从小受家庭的熏陶，在成长的过程中逐步树立了对基督教的坚定信仰。1801 年，19 岁的马礼逊即打算以基督教牧师为他的终身职业。1802 年 9 月 25 日，马礼逊申请进入伦敦的霍克斯顿神学院学习，1803 年初，他的申请被批准，马礼逊正式成为一名神学院学生。1804 年 5 月 27 日，他致信伦敦差会争取到外国传教的工作。在第二天举行的面试中，马礼逊被传教委员会（Missionary Board）当面接纳，并被派往高斯坡的传教学院接受专门的传教训练。1807 年 1 月 8 日，马礼逊正式成为一名牧师。1807 年 1 月 31 日，马礼逊登上“雷米登斯号”，开始了他的远行。

一、马礼逊与中文印刷的最初接触

马礼逊经纽约于 1807 年 9 月 8 日抵达广州。马礼逊途经纽约时拿到了美国国务卿给广州美国商馆的一封推荐信，因此他到达广州后由美国商馆接待。马礼逊在美国商馆隐居了近一年的时间，这期间他闭门学习中文，进步很快。大约一年以后，他带着英国皇家学会会长给东印度公司的介绍信到澳门。澳门东印度公司聘马礼逊为公司翻译，年薪 500 英镑。这既解决了马礼逊的生活及活动经费问题，也让他在中国沿海一带活动有了合适的身份。马礼逊与澳门东印度公司的雇佣服务关系一直持续到 1834 年，这一年东印度公司被英国政府撤销，马礼逊被英国政府任命为新设立的对华商务监督的秘书兼翻译。但任命不久，马礼逊就病倒，并于同年的 8 月 1 日逝世，终年 52 岁。

马礼逊东来的主要目的当然是为了传教，他在东印度公司的任职并没有影响他的传教工作，相反，在当时的历史条件下为他的传教工作提供了极大的帮助。但作为第一个来华的新教传教士，对于如何传教，伦敦会和他本人都没有把握。伦敦差会在给马礼逊的指示信（Letter of General Instructions）中授权他可以根据实际情况便宜行事，但同时也要求他做好三项工作：学习中文、编纂字典、翻译《圣经》。这十分符合马礼逊在中国的实际情况。马礼逊在中国居留的地方只有两处：不是广州就是澳门。在前者他要面临中国政府的传教禁令，在后者还要加上葡澳政教当局极不友善甚至仇视的态度。在两地都无法公开传教的情形下，他发现印刷出版是可能突破困境的一种手段。于是他加紧了学习中文、编纂字典和翻译《圣经》的工作，中文印刷出版是这三项工作的中心环节。

在1815年以前，马礼逊所有的中文著译都是木刻版印的。这一方面是因为他对中国传统的印刷方式非常欣赏，这种欣赏与明末的耶稣会士一样有着相同的理由。另一方面，马礼逊的欣赏中还有着另外一种考虑：他认为用和中国人一样的方式印刷，这样印出来的书才可以有中国士人熟悉的风格，才可以和中国的经典媲美，这样他的书才容易为中国人所接受。马礼逊初到中国的时候着汉服，吃中国饭，其目的也是如此。他想和中国人最大限度地拉近距离。

但是马礼逊对中国传统雕版印刷的欣赏并没有坚持到底。这主要有两方面的原因：首先，用雕版印刷必须依赖中国工匠，而使用中国刻印工匠严重受制于中国官府。在中国境内被严格禁止，到境外又要靠偷渡输出工匠。即使在中国境内得以施行，也因事属违法而要价很高。在这种情况下，马礼逊不得不转而寻求在技术上不必较多依赖中国工匠的印刷方式。其次，与另一传教机构浸信会的竞争也是促成其转变的原因。成立于1792年的浸信会是英国乃至欧美国家的第一个基督教海外传教团体。大约从1808年起，浸信会教士马士曼（Joshua Marshman，1768年—1837年）在南亚的雪兰坡（Serampore）开始雕刻中文木活字，很快他就发现木活字有太多的缺点，于是从1811年开始铸造铅活字，并于1813年用铅活字印刷出了《新约》中的《约翰福音》，1814年和1815年又分别印刷了《中国言法》和《通用汉语之法》。这一成绩被浸信会广为宣传，这无疑给伦敦会及在华的马礼逊以极大震动。[①] 鉴于以上形势，马礼逊不得不放弃木刻版印的中国传统方法，转而寻求西式印法。

二、马礼逊与近代中文印刷

当马礼逊决定采用中文铅活字印刷时，有著作说，这意味着“从此开始了他把西方印刷术传入中国的历程”[②]。严格来讲，此说是值得推敲

① 关于浸信会与伦敦差会的竞争请参考苏精：《马礼逊与中文印刷出版》，台北：台湾学生书局，2000年，第131—152页。

② 谭树林：《马礼逊与中西文化交流》，杭州：中国美术学院出版社，2003年，第291页。

的。马礼逊是一位传教士，“他并不是一位努力于将近代印刷术推行至中国的人”①，而是一位努力于通过出版中文图书来传教的人。但是，透过他的中文书籍的印刷出版，以及他围绕中文印刷出版的一系列活动，的确为西方印刷术东来提供了环境和条件。马礼逊在华 27 年中与近代中文印刷出版有关的活动主要有以下四个方面。

1.《中国语文字典》的印刷出版

编纂字典是马礼逊在华的三项具体任务之一。从 1808 年初开始，马礼逊便边学习中文边从事字典编纂，到同年 7 月，就已经著录了 5 000 个字。到 1815 年 2 月，《中国语文字典》（*A Dictionary of the Chinese Language*）开始印刷。《中国语文字典》共分 6 大本，三部分。第一部分为汉英字典，为部首排列，共 3 本。第二部分叫“五车韵府”，共 2 本，也是汉英字典类型，但按音序编排。第三部分为英汉字典，共 1 本。6 大本的《中国语文字典》为 31 cm×23.5 cm 的大开本，近 5 000 页，从 1815 年 2 月开始印刷，到 1823 年印刷完成，前后 8 年时间。②

《中国语文字典》的印刷得到英国东印度公司的全力支持。主要是为了印刷马礼逊的字典，东印度公司专门列出经费于 1814 年成立了东印度公司澳门印刷所。③负责印刷所具体工作的是东印度公司新聘的印工汤姆斯（Peter Perring Thoms），但东印度公司澳门办事处要求马礼逊对字典的印刷提出方案。马礼逊分析后认为，如果中英文都是金属活字，每面可以一次印成，油墨也会显得均匀，而且每面印好后拆版后的活字可以重复使用。如果中文以雕版、英文用活字分别印刷，每面得印两次，还有一个套版的难题，而且雕版与金属活字的着墨效果也会不一致，另外也有雕版因无法重复使用而造成的浪费问题。马礼逊先让汤姆斯按两种方式试印几页，发现结果与分析的一致，于是他正式提出使用金属活字印刷。

接下来就是金属活字的制造问题。汤姆斯采取的方法是：先铸造活

---

① 汪家熔：《商务印书馆史及其他》，北京：中国书籍出版社，1998 年，第 427 页。

② 关于《中国语文字典》请参考以下著作：叶再生：《概论马礼逊的中国语文字典》，载《出版史研究》第一辑，北京：中国书籍出版社，1993 年，第 5—34 页；汪家熔：《商务印书馆史及其他》，北京：中国书籍出版社，1998 年，第 269—289 页。

③ 苏精：《马礼逊与中文印刷出版》，台北：台湾学生书局，2000 年，第 79—111 页。

字柱体，再以人工在柱体上逐字雕刻中文以形成活字，其高度大小则以相配合的英文活字为准。关于印刷这部字典所需的中文活字的数量，马礼逊和汤姆斯都没有留下确切的说明，马礼逊只是估计需要 80 000 个至 100 000 个。国内学者对此有好几种说法。汪家熔在详尽分析了当时的印刷环境，特别是仔细辨析了字典样本后认为，汤姆斯并没有制备一副字的活动，而是采取“用到什么字刻什么字”、“随用随刻”的方法，并计算出其所铸刻的中文活字为 121 000 个。①

东印度公司澳门印刷所随着东印度公司本身在 1834 年的撤销而关闭。印刷所关闭后，印刷所 20 年间所累积的 20 余万个活字被赠送给美国海外传教委员会印刷所，后来这批活字却在 1856 年的广州十三行大火中化为灰烬。②

东印度公司澳门印刷所是专门为印刷马礼逊的字典而成立的，在成立之初东印度公司董事会就严格限定了它的经费和印制范围，因此从 1814 年成立到 1834 年关闭的 20 年时间里，除印刷马礼逊的字典外，只印刷了 18 种其他书刊。正是因为这次印刷，才开始了中文金属活字的第一次制造，才开始了第一次大规模的中文金属活字的印刷实践。

2. 马六甲印刷所的设立

1813 年 7 月 4 日，伦敦传教会派遣的第二名传教士米怜（William Milne，1785 年—1822 年）来到澳门，但他并不能像马礼逊那样幸运地留下来，他勉强在广州学习了半年的中文，然后就到东南亚一带去考察。马礼逊和米怜希望在这一带成立“恒河以东传教差会中心”（The Ultra-Ganges Missions）（又叫“恒河外方传道会”等），以这中心作为传教的基地，再伺机向中国发展。考察的结果米怜选中了马六甲。1816 年 8 月，米怜在马六甲城西边的大海之滨觅得了一块地皮并开始兴建房屋，作为传教士的住房、办公室、印刷所和印刷工人宿舍，1817 年房屋正式竣工。③ 1818 年 11 月 11 日，马六甲的英华书院奠基，1820 年书院建成并开始招生。④从机构上看，伦敦传教会还有一个马六甲布道站，参照后来的

---

① 汪家熔：《商务印书馆史及其他》，北京：中国书籍出版社，1998 年，第 435 页。

② 苏精：《马礼逊与中文印刷出版》，台北：台湾学生书局，2000 年，第 79—111 页。

③ 熊月之：《西学东渐与晚清社会》，上海：上海人民出版社，1994 年，第 103 页。

④ 顾长声：《马礼逊评传》，上海：上海书店出版社，2006 年，第 122 页。

伦敦传教会上海布道站的组织结构①，马六甲印刷所、英华书院都应该是马六甲布道站的分属机构，而印刷所和书院则很可能是“两块牌子、一套班子”，至少是有很紧密的关系。

马六甲印刷所和英华书院表面上是米怜在主持，但实际主导的应该是马礼逊。从提出到南洋去发展，到“恒河以东传教差会”章程的草拟，到为书院募捐提纲的撰写，再到书院筹办计划书及建成后章程和守则的制定，均出自马礼逊之手。马礼逊还在书院建设初期捐款 1 000 英镑，并且承诺以后每年捐款 500 英镑。这一事实在当时就得到了公认，东印度公司特选委员会一位委员在一份备忘录中说：“我们要公正地指出，英华书院的创办完全归功于马礼逊先生，书院能继续办下去也归功于他的辛劳，归功于他的坚持不懈的努力以及他把中国文学当做一门有益的学问加以传播所取得的杰出成就。”②

1833 年以前，传教士出版中文书刊的地方主要有四处，分别是广州、澳门、马六甲和巴达维亚，而马六甲则是最主要的中文书刊印刷出版基地，其印刷书刊的种数占当时四地同类印刷出版总数的 60%。马礼逊共出版了 20 种书刊，其中明确注明马六甲印刷的就有 7 种。③

马六甲印刷所是当时最重要的、印刷出版中文书刊最多的印刷所，也是第一个较正式的由传教士设立的教会印刷出版机构。马六甲印刷所对于近代中文出版有两个重要意义：一是它开始了传教士设立印刷所的先河。以后的墨海书馆、美华书馆等都是类似的机构，组织结构和功能都是一脉相承的。二是对西方印刷技术的引进作出了贡献。马六甲印刷所的印刷早期虽然是以中国传统的木刻版印为主，但戴尔最初用铸版造字的方法制造活字④，其浇铸所用的雕版就是由马六甲印刷所的工匠雕刻的。后来戴尔改用西方传统的雕刻字范、冲压字模、制造活字的方式造活字，他使用的雕刻工人、所用的字样蓝本都是由马六甲印刷所提供的。

---

① 苏精：《马礼逊与中文印刷出版》，台北：台湾学生书局，2000 年，第 203—242 页。

② （英）汤森著，王振华译：《马礼逊——在华传教士的先驱》，郑州：大象出版社，2002 年，第 143 页。

③ 苏精：《马礼逊与中文印刷出版》，台北：台湾学生书局，2000 年，第 35—53 页。

④ 详见下文论述。

3. 东方语言学校的建立

马礼逊于1823年12月6日在广州乘船返回英国度假，次年3月20日抵达伦敦。马礼逊在英国受到英雄般的欢迎，但他念念不忘的还是他献身的传教事业。马礼逊利用一切可能的机会向各方呼吁学习中文的重要性。1824年9月15日，他访问法国并会见了巴黎的汉学家后，立即给伦敦传教会新组成的中国委员会写了一份意见书，书中建议"由我会或一个附属的协会，促使一两个学生在英国学习中文，以便能与海外传教差会取得合作"。1825年2月7日他在写给一位牧师的信中专门讨论了在大学设置中文讲座的问题。①伦敦的主要宗教团体都加入他的行列，邀请他就建立一个"以促进人类所有语言的学习和交流的团体，为那些为了在各个层面上把基督教的知识引入异教国家而离开自己祖国的年轻人提供一个学习的机会"的"语言学院"拟定一份呼吁书。在一些社会名流的大力支持下，1825年6月14日，东方语言学校正式成立。马礼逊在学校开办了为期三个月的系列中文讲座课程，并免费向学生开放他从中国带回的10 000册中文图书。

东方语言学校在马礼逊离开伦敦回中国后就基本上停办了，但在其短暂的存世期间，还是有13名学员饶有兴趣地参加了讲座，其中有4人自愿担任基督教传教士，并投身到马六甲和印度群岛的传教事业中去。其中最有成就的学员就是撒缪尔·戴尔（Samuel Dyer）。戴尔在给他岳父的信中说，他到槟榔屿六七周后，就能与当地人交谈，并能用中文讲道，当地人都能听懂。更重要的是，因为戴尔有较扎实的中文基础，因此他能够对中文用字进行分析，这为他最终按照西方的方式制造金属活字打下了很好的基础。

4. 马礼逊主持的印刷活动

1826年9月，马礼逊从英国返回中国时带回了一部自己购买的石印机。同年11月14日，中国的第一次石印在澳门进行。这次印刷的操作者是马礼逊的儿子马儒翰（John Robert Morrison）和华人助手阿才（Atsow），只是他们合作印刷的不是中国文字，而是一幅山水画。此外，他们还用这部石印机印了一些传教单张。但在随后的四年时间中，因为马儒翰到英华书院学习，他们的石印工作全部停了下来，1830年以后，

① 顾长声：《马礼逊评传》，上海：上海书店出版社，2006年，第160—162页。

才继续开始。马儒翰在技术熟练后，在 1831 年夏天传授给梁发的助手屈亚昂。屈亚昂原是木刻工匠，曾经前往马六甲布道站多年，1830 年由马礼逊在澳门施洗成为教徒，即受雇协助印制印刷品，携往各地散发。现在伦敦会档案中有 3 件梁发撰文并手写、由屈亚昂石印的大幅传教单张：《西域古经格言》、《功过格之谬》、《真神之由》，上面均有马礼逊题识，说是两人于 1831 年所印。1831 年九十月间，屈亚昂又大量石印三件背面附图的传教单张，携往广州散发。①

马礼逊的石印以单张为主，没有更多的其他印品，这一方面是他们在澳门的石印主要由马儒翰或屈亚昂操作，马儒翰担任广州英商的中文翻译，大部分时间在广州，屈亚昂则经常往返各地分发印刷品；另一方面则是他们已经分心于活字印刷出版了。

1832 年 11 月，马礼逊购买的价值 150 英镑的英式（Albion）印刷机与活字运抵澳门，他立即成立“马家英式印刷所”（The Morison's Albion Press），由儿子马儒翰主持。当月他就用这部印刷机印刷了他自己的文章《在中国传教 25 周年》。1833 年，马礼逊创办了结合传教与新闻的不定期英文报纸《传教者与中国杂报》（*The Evangelist and Miscellanea Sinica*），每期四页，内容有中国伦理观念、宗教家传记及广州时事等，新闻以中国内容为主。这份报纸也是由“马家英式印刷所”印刷的。《传教者与中国杂报》因为有关天主教的言论引起天主教神父的不满和澳门总督的干预，只出了 4 期就停刊了，但马礼逊并没有放弃，又接着出版了 3 期《杂闻篇》，每期印量达 20 000 份，《杂闻篇》被认为是《传教者与中国杂报》的中文版。另外还有合计达 60 页的祈祷文赞神诗，印量也达 10 000 份。②

对于马礼逊来说，印刷品就是他的口舌，有时印刷品的效果甚至还超过口传言教。因此，马礼逊曾说印刷品是“无声但有效”（Silent but Powerful）的传教工具。印刷不仅是马礼逊在中国特殊环境下传教的主要手段，而且他个人似乎也对其产生了由衷的喜好。这种喜好表现为一种对印刷事业的广泛兴趣。他曾设想能够借鉴中国雕版印刷方便藏版的优

---

① 谭树林：《马礼逊与中西文化交流》，杭州：中国美术学院出版社，2004 年，第 302 页。另见苏精：《马礼逊与中文印刷出版》，台北：台湾学生书局，2000 年，第 177 页。

② 苏精：《马礼逊与中文印刷出版》，台北：台湾学生书局，2000 年，第 19 页。

势，将活字版铸版保存，一是为了方便重印，二来也是出于对中国官府对印坊干预的一种防范。他曾要求在马六甲的伦敦传教会印工麦都思（W. H. Medhurst）试验这种方法，但结果却不了了之。他也曾尝试自刻及铸造活字，但因为精力时间的确不够也不得不放弃。

马礼逊是第一位来华的基督教新教传教士，他在传教史上、在中西文化交流史上都有重要的地位。正是因为传教的需要，马礼逊与近代中文印刷出版发生了广泛而深刻的联系，产生了重要而深远的影响。由马礼逊因传教需要而进行的中文印刷出版活动拉开了中文印刷近代化的序幕，也拉开了近代传教士出版的序幕。

第二节　中文活字[①]的研制

在马礼逊之后，西方形成了一个研制中文活字的热潮。中文活字的研制分三个不同的阶段。第一阶段是在中式雕版的基础上制造活字；第二阶段是完全脱离中式传统雕版的影响，采用欧式规范工艺制造活字；第三个阶段是电镀造字法。

一、第一个阶段：用中式旧法雕刻活字

最早雕刻中文活字的是英国浸信会的雪兰坡（Serampore）印刷所。大约从1808年初开始，为了印刷马士曼的中文作品，以每个月4镑薪水和供应住宿的代价，长期雇用一名华人监督孟加拉土著雕刻中文活字。雪兰坡印刷所采取的方法是整片雕成后，逐行锯成长条，再和《论语》的英译铅字间行排印。每个中文字大约1.6平方厘米至1.8平方厘米。后来又采整片雕成后逐字锯开排印，活字也变小，只有1平方厘米。由于木活字太大造成纸张成本过高，从1811年起，雪兰坡印刷所开始制造铅活字，这些铅活字在体积上更小，只有0.5平方厘米到0.8平方厘米。[②]

3年后，即1814年，为了印刷马礼逊的字典，东印度公司澳门印刷所的汤姆斯在铸好的铅坯上雕刻中文活字，汤姆斯雕刻中文活字的情况

① 这里的“中文活字”是指“中文金属活字”，因为在近代印刷出版史上已经没有其他非金属材质的中文活字。

② 苏精：《马礼逊与中文印刷出版》，台北：台湾学生书局，2000年，第144页。

前文已有叙述，这里不再重复。

后来用雕刻木版翻铸铅版，再锯成单个铅活字。

最早采用这种方法的是戴尔（Samuel Dyer，1804 年—1843 年）。戴尔 1804 年生于伦敦附近的格林威治（Greenwich），16 岁时随父亲迁居伦敦。戴尔少年时立志成为一名律师，他进入著名的内殿（Inner Temple）法律学院学习，后又进入剑桥大学的三一学院，因为不愿加入正统的英国国教而不得不放弃了毕业文凭和未来的律师事业。1824 年，戴尔加入伦敦传教会，随后又进入马礼逊等创办的东方语言学校学习中文。1827 年，戴尔正式成为一名牧师并到东方传教。他的第一站是槟榔屿，正是在这期间，戴尔开始了他的制造中文活字的第一次尝试。1828 年初，他先请自己的中文教师在槟榔屿写好字样，再送到马六甲由那里的刻工上版刻字，刻好送回槟榔屿校对后再送伦敦铸版，[①] 把铸版逐字锯开后就得到了活字，再把这些活字从伦敦运回槟榔屿。戴尔的这次试验共刻了 55 块版片，具体得到了多少字不得而知。时间则是从 1828 年初一直到 1831 年 3 月，[②] 时间长达 3 年。

类似的尝试在裨治文[③]主编的《中国丛报》（*Chinese Repository*，又译《中国文库》）上也有报道。1834 年的一则报道说，英国有人用一套雕版浇铸成铅版，再逐字锯开，于 1834 年制成了 700 个活字。1835 年的一则报道说，美国波士顿有人用中文布道书的雕版 24 面（版）浇铸铅版，制成活字两套，运回广州的美国传教会书馆使用。另据贺圣鼐《三十五

---

① 雕版是凸文反字，如何制型浇铸成铅版，目前所见材料中均未说明。在印刷史上，1802 年英国人斯坦荷普（Earl of Stenhope）发明泥版，稍后同为英国人的格德（William Gad）试用石膏制模，原理与泥版一致。1829 年法国人谢罗（Claude Genoux）发明纸型。在雕版上浇铸铅版，应该是一种类似纸型浇铸的技术。

② 关于戴尔这次尝试的时间有说是 1833 年的。见范慕韩主编：《中国印刷近代史》，北京：印刷工业出版社，1995 年，第 67 页；韩琦：《十九世纪中文拼合活字研制史续考》，载《中国印刷史学术学术研讨会文集》，北京：印刷工业出版社，1996 年，第 446 页。

③ 裨治文（Elijah Coleman Bridgman，1801 年—1861 年），美国基督教公理会派遣来华的第一个传教士。1830 年到达广州，1832 年主编《中国丛报》，向英、美等国提供有关中国政治、经济、地理、文化等多种资料。主张用武力强迫清政府订立不平等条约，以打开中国门户，主张传教士可不顾中国法律而深入内地活动，1857 年—1858 年任上海亚洲文会会长。

年来中国之印刷术》介绍，1838 年，巴黎皇家印刷局（Royal Printing Office）也用这种方式制造活字。[①]

也有在铜板上刻凿凹下的字模铸字的。

卫三畏[②]主编的《中国纪录》（*Chinese Recorder*，又称为《教务杂志》）1875 年卷 6 载，德国传教士郭实腊 1833 年曾设计在半英寸见方的铜板上，手工刻凿出正文凹下的汉字字模，约 4 000 字，然后送到雪兰坡用来浇铸铅活字。这种该凿字模的方法由于字形不规整，加上费用太贵，未能得到推广，但这种方法明显地具有从中式雕刻造字到欧式冲模铸字的过渡性质。

二、第二阶段：字模铸字（手工雕刻反文高凸钢字，经冲压出字模再铸字）

1. 勒格朗的拼合字

自古登堡[③]起，欧洲的字母活字都是采用这样的工艺制造的：先将字刻于软钢上，成为阳文反字。经火锻炼，变成坚硬的钢钻，又叫字范(punch)。再用坚硬的字范当成钢钻一般冲压较软的铜板，使之成为阴文正字，一般称之为字模（matrix)。最后，再用这字模浇铸铅合金活字。用这种方法制造中文活字工艺最复杂，所费成本也可能最高，但前面的各种尝试说明，其他的各种活字解决之道都只是一时的权宜之策，欧洲活字制造的规范工艺才是解决中文活字制造的最终选择。

但汉字与欧洲字有很大的不同：欧洲字由字母组成，这些字母一般不超过 30 个，因此铸造每一副字母文字的单位成本很低；汉字由偏旁部首组成，汉字众多，铸造一副汉字的单位成本会很高。这是中文活字制

---

① 张静庐辑注：《中国近现代出版史料（近代初编）》，上海：上海书店出版社，2003 年，第 259 页。

② 卫三畏（Samuel Wells Williams，1812 年—1884 年），又译韦廉士，美国基督教公理会传教士兼外交官。1833 年来中国传教，1833 年—1851 年在广州为公理会创办印刷所，并协助裨治文编辑《中国丛报》。1855 年—1876 年任英国驻华使馆参赞，并多次任代办，参与策划《中美天津条约》的订立。1877 年回美国任耶鲁大学中文教授。

③ 约翰内斯·古登堡（Johannes Gensfleisch zur Laden zum Gutenberg），又译作"谷登堡"、"古腾堡"、"古滕贝格"），约 1400 年出生于德国美因茨，1468 年 2 月 3 日逝世于美因茨，是西方活字印刷术的发明人，他的发明导致了一次印刷革命。

造遇到的最大问题：如何减少字模来降低成本。首先尝试解决这一问题的是法国人勒格朗（Marcellin Legrand）。

勒格朗生平不详，只知他是巴黎的一位活字制造专家，他的工作是在法国汉学家鲍塞尔（M. Pauthier）的建议指导下进行的。勒格朗根据汉字由偏旁部首组成的特点，为了减少字模，他采取了将中文形声字的偏旁与原字分开铸造再加以拼接组合的方法。如“碗”字以“石”旁和“宛”字拼合。也就是说，只刻“虫”、“石”、“女”、“禾”、“宛”、“口”、“火”等半边字模，浇出这些偏旁，就可拼接组合出“蜿”、“碗”、“婉”、“如”、“和”、“秋”等众多汉字。不能分开的字，仍制作单字字模浇铸。这种活字被称为“拼合字”，也称“叠积字”。1835 年 3 月的《中国丛报》报道了勒格朗在巴黎研制活字的消息，当时编者还收到了巴黎出版的有关中文活字的说明书。由此可以推测勒格朗至迟在 1834 年以前就已开始这一项研制工作。

拼合字的基础是对汉字形体的研究。卫三畏在《中国纪录》1875 年卷 6 载《汉字印刷的活字》一文中对勒格朗的研制进行了总结回顾。勒格朗按照拼合原理共制了 3 000 个以上的字模，包括 214 个偏旁、1 100 个基本汉字，偏旁占字的三分之一，基本汉字占三分之二，据此可拼出 27 471个汉字。

勒格朗的拼合字在当时有较大的影响，除《中国丛报》有报道外，1838 年麦都思在《中国的现状与展望》（*China: Its State and Prospects*）一书中对此也有报道和评论：

> 在巴黎，在亚洲学会会员鲍塞尔先生指导下，也进行了另一铸造中文活字的尝试。从一些出版的样本看，似乎比戴尔的活字小得多，相当于 great primer 的大小，是由法国最有名的活字铸造专家之一铸造的，从笔画之精细、高度之精确看，这些活字比亚洲的任何工匠所做的都好。一些活字的形式有点僵硬，不成比例，部分原因是由于没有经验……但是，总体上看它们极为精细和美丽。①

勒格朗的拼合字在当时除了得到较好的评价外，也得到了较多的应用。法国人的中文印刷基本上都是用的拼合字，如 1837 年巴黎出版的

① 转引自张秀民：《中国印刷史》（修订本），杭州：浙江古籍出版社，2006 年，第 447 页。

《大学》、《道德经》就是用勒格朗的拼合字印刷的。勒格朗的拼合字还被收入 1845 年巴黎皇家印刷局出版的《皇家印刷所活字样本》。美国人对拼合字也特别推崇。美国长老会在 1836 年花 5 000 多元，订购了一套 3 000个字模的拼合活字。1844 年，设在澳门的美国长老会印刷所“华英印书房”也购买一套拼合字，主要用于宗教书籍印刷。同年“华英印书房”还出版了拼合字的样本《新铸华英铅印》，样本导言对拼合字的背景、使用情况及特点也作了介绍：

东方学者的注意力常常转向金属活字印刷这一课题。最大的困难在于汉字数量的庞大，因为使用比较频繁的汉字就在五千以上，并且关于植物学、动物学或医学的著作将需要成百个，即使到达此一数字的一副活字也不能满足。但一万或一万五千个字所占的空间很大，使用也很困难，以至于许多人认为印刷汉字不实用，除非使用习惯使用的雕版方式。10 年以前，在巴黎的一些汉学家，酝酿了拼合汉字的想法，据此任何汉文著作可以印刷，而不需要大量和不便的活字。当时长老会正考虑到中国传教，决定得到一副字模，还经过多次试验来证明此计划的实用性。经过多年劳动，此项计划在很大程度上已成熟，印刷机和字模于今年到达中国，活字已铸好，来印刷汉文和英文著作。然而，点滴的经验告诉我们，印刷所的工人必须有所有汉字的正确清单，否则对初学的人来说，许多时间会浪费在找活字上。为此，并且为了感谢对这一试验感兴趣的众多朋友，准备了这本书。目的是使人对印刷所的每一个活字，以及所放的盒子一目了然。①

1845 年，澳门的“华英印书房”迁到宁波，改名为“华花圣经书房”，勒格朗的拼合字也被带到宁波。据 1851 年的《中国丛报》报道：

除了戴尔的活字以外，两套中文拼合字已于 1845 年在中国使用，它们是勒格朗在巴黎从字模铸出的。一套在宁波，一套在澳门。柯理先生在长老会的资助下，前些年到达了中国，被提供每一种材料，以试验这一计划的实用性，他是第一位把它付诸实施的人。作为一个实用的印工，他的技能使他克服许多困难，这些困难与第一

① 转引自张秀民：《中国印刷史》（修订本），杭州：浙江古籍出版社，2006 年，第 447—448 页。

> 次安排和随意地使用众多汉字相联系。之后，宁波的教会印刷所印刷了无数的出版物，都是用这套巴黎活字印的。①

宁波华花圣经书房用拼合字印刷的书籍，大多在19世纪40年代末、50年代初出版，现已不多见。现存的有《耶稣教理问答》，1849年出版。另有《地球说略》，美国长老会传教士韦理哲（R. Q. Way，1819年—1895年）著，此书1848年在宁波出版，1856年再版。从1856年再版本的正文看，所用的活字与《耶稣教理问答》相同，就是勒格朗的拼合字。

拼合字在当时的影响是广泛的，在戴尔的成果被广泛接受以前，拼合字被视为制造中文活字最实用的方法和最基本的原理。据卫三畏《中国总论》（*The Middle Kingdom*）载，1847年，在纽约长老会的发起下，德国人在柏林按照勒格朗的拼合原理也制作了两副活字，被称为"柏林字"。1849年，宁波长老会书馆曾购买一副"柏林字"用来印刷中文书籍。

拼合字一时较为流行，主要是因为它减少字模，解决了用欧洲方法铸造中文活字的高成本问题，从而使得中文铅活字印刷成为可能。但拼合存在两个主要的缺点：一是因为拼接而影响汉字的美观，二是一字分为两部分给检字排版造成困难。这两个缺点也是拼合字自身不可克服的致命之处。因此即使是在它最风光的时候也受到了严峻的挑战：减少中文字模数量的最好方法到底是什么？戴尔的努力回答了这一问题。

2. 戴尔的"香港字"

戴尔的中文活字制造工作建立在对以往工作的总结和对汉字使用频率的研究上。从1828年到1831年，戴尔最早进行了铸版造字的试验。戴尔对这次试验进行了反省：铸版所得的只是活字，而这种铸版活字用久了会有损耗，到时从写样、刻板、铸版、锯字的整个程序又要重复一次，重复的结果不仅会造成成本累增，而且时间过长，显得既不经济、也不实用。戴尔对其他的造字及中文印刷也进行了总结，并写成了一篇论文。1833年2月，马礼逊给《中国丛报》的编辑写信，推荐了这篇论文：

> 先生：现附上一篇关于活字的文章，供您细察。此文是由槟榔屿的戴尔牧师写的。戴尔先生六年来致力于这一课题，我相信，这

① 转引自张秀民：《中国印刷史》（修订本），杭州：浙江古籍出版社，2006年，第450页。

一计划最后将成功。依我看，以适中的价格获得中文活字，对有用的知识和基督教义在东方及那里的岛屿传播，是首位重要的目的。①

戴尔的论文有五部分：(1) 中文活字的特点；(2) 中文金属活字的必要性；(3) 以往试制中文金属活字的弊端；(4) 改进金属活字的建议；(5) 建议雕刻钢模。

戴尔对汉字使用频率的研究始于1826年，那时他还在马礼逊的东方语言学校学习。戴尔与两个对汉语有共同兴趣的学生一起，对马礼逊翻译的中文《圣经》逐字、逐行、逐页进行统计，结果发现《圣经》使用的字数大约是3 600字。从1832年起，戴尔又花了两年的时间对汉字的使用情况进行研究。这次研究不仅时间花的更长，目的也更明确：戴尔要确定一副中文活字究竟包括多少个字，每个字出现的次数是多少。为了达到这一目的，他开始重新计算汉字的使用情况，这次统计的范围更广，除了《圣经》等宗教性著作外，还有《四书》、《三国演义》、《列女传》等共14种中文著作。戴尔把统计对象扩展到非宗教书籍，显示其目的是为了解决整个中文著作的活字印刷问题，也就是从根本上彻底地解决中文活字问题。戴尔研究的结果是：14种书共包括3 232个不同的字，其中常用字约1 200个；按照常用字的频率计算常用字使用数量后，整副中文活字的数目是13 000个至14 000个。

戴尔边总结研究，边进行中文活字的研制工作。这一次他放弃了铸版造字的方法，采用了"字范—字模—活字"的欧洲传统方法。1832年底，戴尔宣称："字范是永久的基础，只要一副字范便可以供应马六甲、广州、英国或任何地方的活字需要。"② 1833年六七月间，戴尔以1827年马六甲木版刻印的中文《圣经》宋体大字为蓝本，雇用数名华人工匠开始打造字范。最初进度很慢，即使他自己也参与部分工作，每天也只能完成3个字范，因此工资成本很高，戴尔难以承担。于是他发传单向南洋、印度及广州的外国人募到100英镑，又写信向伦敦总部求援。他向总部保证只要400英镑就可以完成3 000个字范的打造，以后从字范到

① *Chinese Repository*. 1833：414. 转引自韩琦：《十九世纪中文拼合活字研制史》，载《中国印刷史学术研讨会文集》，北京：印刷工业出版社，1996年，第445页。

② LMS/UG/PN，3. 4. C.，Dyer to the Directors，Penang，16 November 1832. 转引自苏精：《马礼逊与中文印刷出版》，台北：台湾学生书局，2000年，第196页。

字模再铸成一副活字也只要100英镑。总部认可他信中所说的内容，拨款100英镑，并将他的信公布，以引起公众捐赠，结果在两年内戴尔收到英国各地的捐款200余英镑，正好解决打造字范所需。经费问题解决以后，造字工作进展顺利。到1834年9月，戴尔开始用自己的活字印刷了一部《耶稣登山宝训》的小册子，到1835年初，戴尔报道说他正在生产四副活字。①

1839年至1841年，戴尔回英国休假。在英国期间，戴尔的工作得到伦敦传教会总部的高度认可和赞扬，当1842年戴尔再次东来时，伦敦会加大了对他的支持，并要求他解决过去的字太大的问题（主要是与勒格朗的拼合字相比）。戴尔这次的目的地是新加坡。从1842年3月开始，戴尔开始了造字工作，这次以小字为主，平均每月的产量是40个字范。到1843年8月，戴尔与新加坡站的施敦力兄弟（Alexander and John Stronach）到达香港，到此时为止，戴尔共完成大字1 540个，不到预计3 232个字的一半；小字只完成了300余个，离完成一副完整的活字还有很大的距离。② 戴尔于1843年10月24日因病去世，余下的工作都由施敦力兄弟继续完成。到1846年时，完成的大小字范已累积到3 891个。到此时戴尔未竟的事业可说基本完成。

戴尔在中文活字制造史上具有重要历史地位。他第一个对汉字的使用进行了研究，从使用频率入手解决了减少汉字字模的问题；他也是第一个完全使用欧洲活字印刷的原理和正统工艺铸造中文活字的人。可以说他的工作结束了从马士曼开始的各种中文活字制造试验，这也是与他的长期不懈努力分不开的。从1826年研究马礼逊的中文《圣经》开始，到1843年去世，戴尔整整用了17年的时间，如果到1846年施敦力兄弟完成他的未竟事业，则是整整20年。施敦力兄弟后来的工作主要是在香港完成的，人们因此把按戴尔的方法造出的活字称为“香港字”。香港字一出，其他活字都相形见绌，从1850年代初开始，香港字一直成为中文印刷市场上最主要的活字③，这种情况一直持续到1860年代中期，姜别

① LMS/UG/PN，3. 4. C.，Dyer to the Ellis，Penang，9 January 1835. 转引自苏精：《马礼逊与中文印刷出版》，台北：台湾学生书局，2000年，第197页。

② 苏精：《马礼逊与中文印刷出版》，台北：台湾学生书局，2000年，第201页。

③ 苏精：《马礼逊与中文印刷出版》，台北：台湾学生书局，2000年，第202页。

利的新字出来为止。

三、第三阶段：姜别利电镀造字法

姜别利（W. Gamble，1830年—1886年）原籍爱尔兰，早年移居美国，在费城一家印刷公司工作，后去纽约圣经书房，1858年受美国长老会的派遣来华主持宁波长老会印刷所。1860年，宁波的印刷所迁至上海，改名为美华书馆。姜别利在中文活字印刷史上有两大贡献：一是发明电镀造字法；二是发明排字架。

欧洲传统活字工艺是雕字范（punch）、冲字模（matrix）、铸活字。这种方法成本较高，尤其是对于字数较多的中文来说。在雕字范、冲字模、铸活字这三个工序中，最耗时的是雕字范、冲字模两道工序。姜别利发明的电镀造字法主要是解决了前两道工序的问题。他的方法是用纹理细密的黄杨木刻阳文字，再将木刻阳文字电镀制成紫铜阴文，镶入黄铜壳子形成字模。刻黄杨木当然比刻钢字容易多了，电镀制模也比冲压制模容易。[①] 电镀造字不仅省时，还可缩小活字的尺寸，而且字形更明晰美观。美华书馆利用姜别利的方法制成铅字七种，称一号至七号，俗称“宋字”。当时这种铅字由美华书馆大量出售，又称为“美华字”。

中文印刷的另一个难题是检字排字。姜别利沿用戴尔的方法，对汉字使用频率进行分析，只是这次姜别利进行得更彻底，规模更大。他雇用了两名中国学者，每人两年为期，查清了包括《圣经》在内的28种书，共130万字。姜别利依发现次数将汉字分为15类：其中重见达1万次以上者有13个字，重见1千次以上者有224个字，其中重见不超过25次者有3 715个字。姜氏根据这一结果将中文铅字分为常用、备用、罕用三大类。他设计了一个木架，正面置字24盘，中间8盘装常用字，上下各8盘都装备用字，两旁边46盘则用来装罕用字。每类字都按照《康熙字典》部首检字法分部排列，排字工站在中间，就架取字。姜氏发明的这一方法比过去没有排字架的捡字最少快三倍，而且一直沿用到1909年，商务印书馆对此做出改进为止。

中文活字的研制主要是由传教士进行的，而且主要是在传教士的印

---

① 就作者目前所见的资料，对姜别利电镀法的具体工艺均寥寥数语，并无详细介绍。这里的描述是就作者的理解推测的。

刷出版活动中得到实际运用的。经过三个阶段的不断改进与完善，传教士基本上解决了中文活字制造的问题，同时也发明了快捷实用中文排版检字方法，为中文印刷使用西方近代活字印刷解决了最基本、最关键的技术问题，形成了较为成熟的中文活字印刷技术。

第四章　近代早期的传教士出版

传教士最初的中文印刷出版活动主要在澳门、南洋一带。这一时期由于传教环境并不成熟，传教规模较小，传教士一方面使用中国传统雕版方式印刷一些传教品，一方面积极尝试各种中文活字的制造方法，开始了中文活字印刷。鸦片战争后，传教士的印刷出版活动先是转到澳门、香港，后再转到宁波、上海等地。由于传教环境大为改观，各国传教士纷纷开始到达中国，传教规模随之迅速扩大。与此相应的，传教士的印刷出版活动也正式进入中国内地，并开始活跃进来，各国传教士在各地先后开办了一些印刷出版机构。

第一节　传教士办的印刷出版机构

一、新教传教士开办的印刷出版机构

在 1842 年—1874 年这一时期内，就笔者所掌握的资料，基督教新教传教士开办的印刷出版机构有以下 7 家：香港英华书院印字馆、墨海书馆、华花圣经书房及美华书馆、清心书馆、福州卫理公会书馆、宁波传教士协会书馆、北京崇实印书馆。

清心书馆（Lowrie Institute），又称清心书院，美国北长老会于 1861 年开设于上海。书馆虽开办较早，但早期以教育为主，1875 年后出版了《小孩月报》、《画图新报》两种期刊。

福州卫理公会书馆，又叫罗札里奥·马卡尔出版公司（Rozario Marcal & Co.），1862 年设立于福州。该书馆采企业管理模式，注重印刷设备的引进更新，基本上以印刷为主。该书馆最终于 1915 年盘给一家中国基督教徒开的公司。

宁波传教士协会书馆，1869 年成立。最初只能进行英文印刷，1881 年后开始中文印刷，以杂件印刷为主，兼印中文宗教读物。

香港英华书院印字馆，鸦片战争后，由于中国的大门已经打开，南洋一带就失去了作为对华传教基地的意义，那里的一些传教机构开始向香港和中国内地沿海转移。1842 年 12 月，伦敦传教会决定创办英华书院的神学系并将马六甲英华书院转移到香港。1846 年，伦敦传教会新加坡布道站的印刷机、中文活字与铸字设备以及华人工匠等都转到了香港，香港英华书院便正式开始了印刷活动。

香港英华书院印字馆的印刷活动主要有两种。

第一是代工印刷。香港英华书院印字馆的几乎所有印刷品都是代人印刷并收取费用。如 1853 年至 1856 年出版的《遐迩贯珍》月刊、传教士理雅各（James Legge）的《中国经典》（*The Chinese Classics*）、英国圣经公会（British and Foreign Bible Society）委托印刷的《新约》、《旧约》，以及由宗教小册子协会（Religious Tract Society）委托印刷的传教小册子等。

第二种是铸造活字出售。中文活字铸造是香港英华书院印字馆的主要业务，在 19 世纪四五十年代，英华书院的中文活字占据了主要的中文活字市场，被称为“香港字”。当时几乎所有传教机构的中文印刷都用的是英华书院的活字，包括美国海外传教委员会（American Board of Commissioners for Foreign Mission）的新加坡布道站、美国浸信会的曼谷布道站和美国长老会的澳门布道站。英华书院活字最大和最有名的客户则是墨海书馆。另外，香港的中文报纸最初也是用的英华书院的中文活字。

从 1843 年创立到 1852 年，香港英华书院印字馆的印刷业务基本上是亏损的，这主要有两方面的原因。一是在代印业务方面主要以宗教品印刷为主，而宗教品印刷又始终坚持非赢利原则，也就是只就印刷成本加 10%计价收费，这往往造成入不敷出。二是在这期间活字铸量较少。从 1853 年开始，随着活字生意的扩大，英华书院开始产生盈余。1853 年有盈余 500 银元，1858 年达到最高的 2 716 银元，从 1861 年到 1866 年间，每年盈余在 1 000 银元—2 000 银元之间。[①]从 1867 年起，由于其最重要客户墨海书馆关闭，再加上美华书馆的兴起，英华书院印字馆又从盈转

① 苏精：《马礼逊与中文印刷出版》，台北：台湾学生书局，2000 年，第 267 页。

亏。1873 年，英华书院的印刷设备转手到中华印务总局。

二、天主教传教士开办的印刷出版机构

天主教传教士办的印刷出版机构有上海土山湾印书馆、北京遣使会印书馆、河北献县张家庄天主堂印书馆。

北京遣使会印书馆，又称北堂遣使会印字馆、北堂印书馆。北堂，即西什库教堂，建于康熙四十二年（1703 年）。教堂设立之后，耶稣会教士就曾用雕版印刷方式印刷教理方面的书籍。1860 年法国军队撤离北京时，给北堂留下了一台斯坦荷普铁制印刷机，这是一种手摇式的铅石两用平版印刷机，1 小时约印 300 张。以此为基础，北堂于 1864 年成立了印书馆，这是天主教最早在中国采用铅印印书的机构，该馆一直持续到 1944 年。

献县张家庄天主堂印书馆，献县张家庄天主教堂于 1861 年—1863 年建成，1874 年夏建立印书房。印书房初期只是为传教士、教徒及学生印刷所需的书籍，如《日课经本》、《教义说明》等，到 19 世纪 90 年代后，开始出版传教士的著作和译作。

土山湾印书馆，又称土山湾孤儿院印书馆，它来源于天主教教士在上海地区建立的孤儿院。1842 年，从法国来的耶稣会教士到上海后，他们直接到了上海附近的浦东、松江一带农村地区活动，因为那里有不少天主教徒。耶稣会士在天主教徒较多的横塘村建立了修道院和孤儿院。1850 年，横塘的孤儿院迁到了蔡家湾。第二年，耶稣会士将蔡家湾孤儿院的孤儿按男女分开，当时共有 66 名孤儿，其中男孩 43 名，女孩 23 名。23 名女孩子被送到另外的地方，蔡家湾从此就只收男孤儿。管理蔡家湾孤儿院的传教士安排这些孤儿学习手艺，其中一项就是雕版印刷。1860 年 8 月，太平天国军经过蔡家湾，杀死了管理孤儿院的教士，一部分孤儿就逃到了上海，暂居董家渡。1864 年时，在董家渡的临时孤儿院迁至邻近徐家汇耶稣会会院的土山湾。这时孤儿数量增加到 342 名，其中 130 名左右大一些的孩子就在孤儿院开的各种工场里做工。这些工场中有一间就是印刷工场，后来发展为土山湾孤儿院印书馆。

土山湾印书馆的印刷工作应该从 1850 年在蔡家湾时就开始了，那时可能规模较小，到 1864 年孤儿院迁到土山湾后才具一定规模。1869 年，土山湾印书馆印刷的中文书籍已经超过 70 种。这些图书基本上都是宗教著作，其中大部分是 17 世纪、18 世纪时由利玛窦、柏应理、李玛诺、南

怀仁、艾儒略、潘国光、庞迪我等旧耶稣会传教士著作的再版。

1870年前后，土山湾印书馆盘进了上海一家外国印刷厂，买进了一些印刷机和外文铅字模，自己又添置了一些中文铅字模，开始筹措铅字印刷。到1874年，土山湾印书馆正式开始机器铅字印刷，印刷的第一本西文书是天文台推算的附有日出日没时刻表的1874年《日历》，第一本中文书籍是宗教用的《弥撒规程》。土山湾印书馆的机器铅字印刷虽然起步晚，但开始后就具有一定规模，发展迅速。1875年印书馆的第一本西文书目就收有180种图书，1889年的《土山湾孤儿院印刷所出版图书目录》收有图书221种。1898年，印书馆有工人100名，学徒40名。土山湾印书馆出版教士自己的著作和译作是在1875年以后。1879年，印书馆还出版了刊物《益闻录》。①

三、早期的两个代表

1. 墨海书馆

墨海书馆（London Missionary Society Mission Press）的创办者是伦敦会的传教士麦都思（Walter Henry Medhurst，1796年—1857年）。麦都思1796年4月29日出生于英国伦敦，14岁时跟一名叫伍德的印刷工人当学徒，从此与印刷结下了不解之缘。1816年9月麦都思离开英国前往东方，1817年6月到达马六甲，在那里他成为米怜的主要助手，并由此开始了在南洋一带的传教印刷活动。1823年，麦都思在巴达维亚建立了印刷所，这个印刷所与马六甲印刷所、新加坡印刷所一起成为传教士在南洋的三大印刷出版基地。1842年后，麦都思也开始把活动重点从南洋向中国内地沿海转移，他先后到达香港、舟山等地活动考察，1843年12月中旬到达上海。

墨海书馆的创立时间，学界有不同的说法。熊月之的《西学东渐与晚清社会》一书说："（1843年）12月23日，他在上海县城东门外，租赁民屋，居住下来，并将巴达维亚印刷所迁到上海，定名墨海书馆（London Missionary Society Press），第二年便开始出书。"②潘建国说：

---

① 有关土山湾印书馆的材料主要参考顾裕禄：《上海天主教出版概况》及庄索原《土山湾印书馆琐记》，两文均载《出版史料》总第10期，第30—36页。

② 熊月之：《西学东渐与晚清社会》，上海：上海人民出版社，1994年，第183页。

“墨海书馆，由伦敦会传教士麦都思1844年设立于上海。”[①]关于墨海书馆的创立时间有不同说法，主要是因为论者未对“创立”作深入分析，对一个复杂的过程作了过于简单的结论。墨海书馆什么时候正式开始筹划，什么时候正式开始印刷，这些现在都很难得到具体、准确的结论。但有一点是可以肯定的，书馆从筹划到基本具备印刷条件并开始印刷，需要有一个过程。我们需要的是对这一过程有一个了解和认识。对墨海书馆创立的过程稍作较为深入的探讨，就应该知道，麦都思不大可能于1843年在不到一月的时间内完成一系列的“创立”工作。因为在当时的条件下，外人在华居住、活动还有一定的限制。《虎门条约》对英国人在通商口岸居住和购地买房等事，作了如下规定：“中华地方官必须与英国管事官各就地方民情，议定于何地方，用何房屋及基地，系准英人租赁……”麦都思于1843年12月中旬抵达上海，在不到一个月的时间内，要办完房屋租赁手续，还要完成搬运设备、雇用员工、安装运转、组织生产等事项，几乎不可能。麦都思能在1843年12月23日就在上海东门外租赁房屋居住下来，进展已经不错了，但此时1843年这一年只剩下一周的时间了。G. 麦金托什（Gilbert McIntosh）于1895年出版的《在华早期的教会书馆》在提到墨海书馆时说：“神学博士慕维廉牧师给我们提供了下列情况：已故的麦都思博士——一位有经验的印刷工一开始做了这方面的工作，但直到1847年派出伟烈亚力（Alexander Wylie，1815年—1887年）先生，这项工作才得以真正展开，并且许多工作都按照教会的要求进行的。”[②]麦氏的这一说法也间接告诉我们：墨海书馆的创立不可能在1843年完成，它只是在1843年底开始筹划，到1847年时，墨海书馆的工作开始步入正轨。

麦都思是墨海书馆的创始人，也是这一印刷出版机构的首任监督。早期的墨海书馆几乎是麦都思一个人的，开始的3年，即1844年到1846年，墨海书馆共出版书籍17种，其中16种是麦都思一人编写的。1847

---

① 潘建国：《清代后期上海地区的书局与晚清小说》（博士后报告），未刊稿，国家图书馆收藏，第1页。

② McIntosh，Gilbert：*The Mission Press in China*，Shanghai：American Prebyterian Mission Press，1895：34.

年 8 月 26 日，伟烈亚力（Alexander Wylie）[①]抵达上海，他是伦敦会专门派来协助麦都思管理墨海书馆的。1848 年 9 月 2 日，艾约瑟（Joseph Edkins，1823 年—1905 年）抵达上海，也参与墨海书馆的管理工作。1856 年 9 月，已在东方呆了近 40 年，年届 60 的麦都思离任返回英国，不久就在故乡去世。伟烈亚力因分心于设在上海的皇家亚洲文会北中国支会（North China Branch of the Royal Asiatic Society）的工作，所以在麦都思离任后，艾约瑟成了墨海书馆的继任监理。

墨海书馆是中国内地第一个使用铅活字机器印刷的机构。

从 1807 年马礼逊到达中国起，传教士就开始中文印刷的各种试验，但这些活动都是在中国内地之外。近代中文印刷第一次进入中国内地，就是从墨海书馆始。

墨海书馆的印刷机器，一部分由麦都思从巴达维亚带来，还有一部分则是从伦敦运来的。其所用的中文活字，一部分在上海刻制，一部分在香港购买，也有一部分是从伦敦运来的。1845 年 12 月 17 日，麦都思致函伦敦传教会，申请新式印刷机器：

> 我们现在迫切需要一台新的印刷机。因此我们请求理事们，用利物浦到上海的第一班直达轮船，送来一台构造最好的滚筒印刷机，也就是考铂（Cowper）氏或纳皮（Napier）氏的双滚筒印刷机。

1846 年 4 月，麦都思再次致函教会，申请一副新的金属活字：

---

① 伟烈亚力（Alexander Wylie，1815 年—1887 年），1815 年 4 月 6 日出生于英国伦敦。1847 年，伟烈亚力作为印工，被伦敦会派往上海，同年 8 月到上海。在墨海书馆内，伟烈亚力与中国学者李善兰、华蘅芳、徐寿、徐建寅等人积极合作，翻译了大量西方科学著作。1867 年，江南制造局翻译馆成立，伟烈亚力积极参与翻译馆的译书工作。1864 年麦都思等创立格致书院，伟烈亚力被推选为四位西人董事之一。1874 年，又被推举开具科学书目，实为格致书院实际负责人之一。1857 年初，伟烈亚力在上海创办《六合丛谈》。1857 年，传教士创立皇家亚洲学会华北分会（习称亚洲文会，North China Branch of the Royal Asian Society），不久，伟烈亚力出任该会副主席，并经常为该会杂志撰稿。1874 年，伟烈亚力接替《教务杂志》的编辑工作，在杂志上发表了大量有关地理、历史的文章。1860 年，他因事返回英国，由伦敦会转到英国海外圣经公会，并作为该会代理人，回到中国。他兼任该职，直到 1877 年返回英国。1868 年，他曾到四川、汉口等地传教，历经 5 个多月，行程 4 000 公里。在华期间，他访问了当时清王朝 18 个省中的 14 个。1877 年，伟烈亚力年事已高，且积劳成疾，双目几近失明，返回英国。1887 年 2 月 6 日去世。

> 我们需要一副小的中文活字，也就是你在1844年4月4日信中提及的瓦茨先生正在制作的那副。我们认为那副活字除了个别字以外，笔画清楚，结构合理，比例协调，其尺寸正好是印刷《圣经》所需要，跟我们在上海已经刻好的那副活字也正好配备。上海刻好的那副活字是伦敦传教会的财产，目前正在用于印刷《英华字典》以及《古代中国的历史典籍》，它有30 000个活字，3 000个不同汉字，除了常用字外，几乎包括所有罕见以及废弃的字。①

19世纪初，欧洲普遍使用的还是手动式的印刷机，每小时只能印约250张。1814年，柯尼希（Konig）发明了自动印刷机，每小时可印1 100张。这种印刷机首先在英国《泰晤士报》使用，获得了很大的成功。1828年，由奥古斯塔斯·阿普尔加思（Augustus Applegath）和爱德华·考珀（Edward Cowper）为《泰晤士报》研制的滚筒印刷机获得成功，每小时可印4 000张。② 麦都思向伦敦传教会申请的印刷机基本上是当时欧洲最新的机型。滚筒印刷机于1847年秋运抵上海，年底投入运行。它一天可以印刷50 000张相当于中国传统线装书的双面页，其动力则使用牛力。

墨海书馆的新型印刷机还不只这一台。G. 麦金托什的《在华早期的教会书馆》还提到这样一件事："那时我们开始传闻太平天国运动在中国内地发展起来，他们信奉基督万能。这个前景在（英国）国内引起极大的兴趣。为了满足当时估计的需要，经詹姆斯牧师（John Angell James）的努力，预订了《新约全书》修订本100万册。为了实现这项任务，在不列颠及国外圣经会的要求下，将几部大机器运往上海。在上海以牛车为运转工具。我们认为这样会较快地完成这项工作，并使神圣的《圣经》有广泛的传播。这些机器安装后，立即开始昼夜印刷。几十万册《新约全书》从这里发出。然而不久就发现机器损坏严重。这些机器运转不正常，印出许多难以阅读的模糊字迹。不论出现这种情况的原因是什么，我们决定将机器运回英国，而用手印机代替。手印机当时亦在使用中。"③

---

① 以上两函，均为英国伦敦大学亚非学院图书馆藏麦都思档案，转引自叶斌：《上海墨海书馆的运作及其衰落》，上海：《学术月刊》，1999年第11期。

② 傅丽君译：《印刷技术的发展》，载《中国出版史料（近代部分）》第三卷，武汉：湖北教育出版社，2004年，第356—359页。

③ McIntosh，Gilbert：*The Mission Press in China*，Shanghai：American Prebyterian Mission Press，1895：38.

从这段回忆中我们可以知道，为了实施“百万册《新约全书》规划”①，墨海书馆新添了印刷设备，时间大约是1855年。

对于墨海书馆所使用的当时最新的印刷机，墨海书馆的华人雇员王韬作了较详细的描述：

（墨海书馆）以铁制印书车床，长一丈数尺，广三尺许，旁置有齿重轮二，一旁以二人司理印事，用牛旋转，推送出入。悬大空轴二，以皮条为之经，用以递纸。每转一过，则两面皆印，甚简而速。一日可印四万余纸。字用活版，以铅浇制。墨用明胶、煤油合搅煎成。印床两头有墨槽，以铁轴转之，运墨于平板，旁则联以数墨轴，相间排列，又揩平板之墨，运于字板，自无浓淡之异。墨匀则字迹清楚，乃非麻沙之本。印书车床，重约一牛之力。其所以用牛者，乃以代水火二气之用耳。②

墨海书馆以牛作动力、用机器印书引起了当时社会各界的极大兴趣。1858年11月27日，浙江嘉兴诗人孙融到上海拜访当时在墨海书馆供事的王韬，参观印书房后写下了一所广为流传的诗：

车翻墨海转轮圆，百种奇编宇内传。

忙煞老牛浑未解，不耕禾陇种书田。

当时还有一个叫黄钧珊的文人，也作了一首《咏墨海书馆》：

榜题墨海起高楼，供奉神仙李邺侯。

多恐秘书人未见，文章光焰借牵牛。③

墨海书馆的情况还引起了湖南学者郭嵩焘的注意。1856年3月15日，郭氏专门到书馆参观，并在日记中详细记载了墨海书馆人员的工作、生活情况。

墨海书馆也是第一个大量出版西学书籍的机构。

鸦片战争后，传教士迅速到各开放的通商口岸活动，其中的一项重要内容就是出版书籍。根据熊月之在《西学东渐与晚清社会》中详细的介绍，可以对传教士1860年以前在五个通商城市出书情况作个比较，

---

① McIntosh, Gilbert: *The Mission Press in China*, Shanghai: American Prebyterian Mission Press, 1895: 41.

② 王韬：《瀛壖杂志》，上海：上海古籍出版社，1989年，第119页。

③ 以上两诗均引自汪家熔：《有关墨海书馆三诗》，载《出版史料》1989年第1期，总第15期，上海：上海人民出版社。

见表 4-1。①

表 4-1　1860 年以前五个通商城市出书情况

地点	开埠时间	出书种数	西学书籍种数
广州	1843 年 7 月 27 日	42 种	13 种
福州	1844 年 7 月 3 日	42 种	16 种
厦门	1843 年 11 月 2 日	13 种	不详
宁波	1844 年 1 月 1 日	106 种	20 种
上海	1843 年 11 月 17 日	171 种	33 种

从开埠时间上看，上海并不是最早的，在广州、厦门之后，广州更是在鸦片战争之前就成为唯一的通商城市，但上海后来居上，在西学书籍出版上居于遥遥领先的位置。上海不仅在出书数量上大幅领先，更重要的是所出的西学书籍分量重、影响大。例如在数学方面，先后出版了《数学启蒙》(1853 年)、《续几何原本》(1857 年)、《代数学》(1859 年)和《代微积拾级》(1859 年)，这些书籍由浅入深、有计划地介绍西方数学到中国。李善兰与伟烈亚力在翻译这些书时创立的许多译名，如系数、函数、椭圆、级数、常数、变数、微分、积分等，被中国数学界一直沿用下来。又如《重学浅说》(1858 年) 是近代中国译介的第一部关于力学的书，《植物学》(1859 年) 是我国最早一部介绍近代植物学的译著等。

墨海书馆出版的这些西学书籍在当时就产生了很大的影响，在中国社会引起不同的反应。《数学启蒙》于 1853 年出版后，被许多学校采为教科书，湖南出版过翻刻本，上海的书商还将其易名为《西算入门》缩印出版。可见此书的市场反应不错。《续几何原本》(系欧几里得所著《几何原理》的后 9 卷) 译出后，原本由松江人韩应陛出资木刻印行，但尚未印毕，遇太平天国军与清军打仗，雕版毁于兵燹。后李善兰面见两江总督曾国藩，极言此书学术价值。曾国藩于是取前 6 卷 (利玛窦与徐光启在明末所译) 与后 9 卷并为一体，重校付梓，时为 1865 年。1897 年，扫叶山房又根据曾国藩资助的这一版本重校出版一次。《重学》在

① 熊月之：《西学东渐与晚清社会》，上海：上海人民出版社，1994 年，第 151—219 页。

1859年出版后，1865年在南京又重刻过一次，坊间也出现了多种翻印本。《谈天》于1859年出版，1874年，徐建寅又将到1871年为止的西方天文学最新成就补充进去，由江南制造局增订出版。这些翻译过来的西学著作被中国士人、官府资助出版，坊间又有翻刻，中国传统出版界的这些反应，说明墨海书馆的西学著作得到了中国社会的认可和欢迎。

有一个现象是特别应该提到的：墨海书馆本来是一个“现代”的印刷出版机构，铅活字机器印刷是它的突出特色，它的机器印刷也的确在当时的上海引起了广泛的好奇。但墨海书馆的铅活字机器印刷仅限于《圣经》及教义宣传品，至于上面提到的西学书籍，却仍然是用中国传统的雕版印刷术来刻印的。汪家熔和叶再生都指出这点。[①]胡道静也说：“我见到的《几何原本》、《代微积拾级》和我藏有的《植物学》皆是如此。前两书中的图形和公式，《植物学》中的插图，亦皆木刻。”胡道静认为是三种原因造成这一现象：一是科技译书的读者对象是中国上层知识分子，故遵守中国传统的书本方式；二是科技译书多有插图，当时金属照相制版技术尚未发明，木刻插图要好于活版插图；三是科技译书印数不大，不像印数大的宗教图书有赖于机器大量印刷。[②]这三点都是站得住的，但联系到上文提到的墨海书馆出的西学著作在中国传统出版界得到的反应，可能主要的原因还是为了考虑当时中国知识分子的欣赏习惯。

墨海书馆的结局如何呢？麦金托什在《在华早期的教会书馆》中说：“美国教会在上海建立后，我们发现这个书馆基本上可以完成《圣经》出版协会以及本教会所要做的工作。看来我们大可把教会关闭并把印刷材料处理掉。”[③] 王韬在《瀛壖杂志》中说：“墨海后废，而美士江君（姜别利），别设美华书馆于南门外，造字制版，悉以化学，实为近之新法。”[④]后来，墨海书馆的中文活字在1861年秋为英商康普东（Charles Spencer

① 分别见汪家熔：《有关墨海书馆三诗》，载《出版史料》1989年第1期，总第15期，上海：上海人民出版社，第107页；叶再生：《中国近代现代出版通史（第一卷）》，北京：华文出版社，2002年，第108页。

② 胡道静：《印刷术“反馈”与西方科学第二期东传的头一个据点：上海墨海书馆》（下篇），载《出版史料》总第11期，第114页。

③ McIntosh，Gilbert：*The Mission Press in China*，Shanghai：American Prebyterian Mission Press，1895：39.

④ 王韬：《瀛壖杂志》，上海：上海古籍出版社，1989年，第120页。

Compton）接盘而创办《上海新报》。[1]可以说，在 1860 年美华书馆建立之后，墨海书馆的印刷业务基本上停止了。

墨海书馆翻译西书这一工作后来又是怎样的呢？胡道静在《印刷术“反馈”与西方科学第二期东传的头一个据点：上海墨海书馆》（下篇）中回答了这个问题：“十九世纪六十年代起，墨海书馆译印西方科技书籍的工作休止。此是在六十年代之后，发生了王韬因意外问题而离馆远走事件，对此可能有点影响，但决非墨海出书决策上变更的根本原因。墨海在五十年代译印出许多西方科技著作，至此已在中国知识界产生了影响，开花结果。兴办洋务，自译西书的高潮已经来到。正是在王韬离馆的那年（一八六二年），清政府决定在京师设立同文馆……一八六三年，上海仿京师同文馆例，设立了广方言馆。一八六八年，上海江南制造局设译书馆。这些机构都陆续翻译出版了不少的西方科技书籍。对墨海书馆来说，人也跑了，要干的事也有很多的其他有力机构去承担了，就这一方面来说，它也无需再操心，该退位了。这大概就是墨海书馆终止译印西方科技书籍的根本原因。”[2]

印刷和翻译这两项是墨海书馆最重要而有影响的工作，这两项工作停止，可以说墨馆书馆基本上是停止运作了。但作为一个机构，墨海书馆到底是何时关闭的呢？麦金托什在谈到墨海书馆时说：“过了不久，伟烈亚力先生结束了他同印刷所的关系，参加了《圣经》出版协会，作为他们的驻华代表从事发行工作，同时管理现在各地的大量售书小贩。这项工作他连续做了几年，据说其间他在中国走访了十四个省份。与伟烈亚力先生离开的同时，伦敦教会书馆关闭。”[3]麦氏在这里明确说了墨海书馆的关闭时间，是伟烈亚力“离开”的时间。伟烈亚力有过两次“离开”：一次是 1862 年，他离开墨海书馆回国；二是 1877 年 7 月 8 日，伟氏作为大英圣书公会代表来华后，因双目失明而回国。麦氏所说的“离开”，应该是伟烈亚力在 1877 年的离开，因为在光绪初年的《申报》和《万国公报》上，还有墨海书馆的广告；1877 年 4 月的《格致汇编》上还

① 马光仁：《上海新闻史》，上海：复旦大学出版社，1996 年，第 18 页。

② 胡道静：《印刷术“反馈”与西方科学第二期东传的头一个据点：上海墨海书馆》（下篇），载《出版史料》总第 11 期，第 114 页。

③ McIntosh，Gilbert：*The Mission Press in China*，Shanghai：American Prebyterian Mission Press，1895：39.

印有“寄售处墨海书馆”字样。因此，按照麦氏的说法，墨海书馆的最后关闭，应该是 1877 年 7 月间的事。

2. **华花圣经书房和美华书馆**

1844 年 2 月，美国基督教（新教）长老会在澳门建立了书馆，负责人是理查德·柯尔（Richard Cole）。第二年（1845 年）7 月 19 日，柯尔夫妇从澳门抵达宁波，并带来了印刷机。9 月 1 日，书馆投入正常运营。书馆的英文名称是 The Chinese and American Holy Classic Book Establishment，按原文翻译一般为“华花圣经书房”。但是，贺圣鼐在 1931 年的《三十五年来之中国印刷术》中说：“道光二十四年（1844 年）美国长老会设花华圣经书房于澳门”，“翌年，花华圣经书房迁至宁波，并改名为美华书馆”[①]。这里，“华花”变成了“花华”。“华”代表中国，China；“花”代表美国，American。更早的是麦金托什于 1895 年的《在华早期教会书馆》的英文原版书中，在“The Chinese and American Holy Classic Book Establishment”后特别注了汉字“花华圣经书房”。[②]对于“花华圣经书房”这个名字，一些学者感到不解。例如熊月之说，他所见到的该书馆所印刷出版之书，均署名“华花圣经书馆”。[③]熊月之还提供了牛津大学波德林图书馆藏书书影，1849 年出版的《天文问答》、1850 年的《平安通书》、1856 年的《地球说略》，均署有“华花圣经书房宁波”字样。还有学者甚至指出：“迄今，还未见到长老会书馆（即华花圣经书房）在澳门、宁波时期刊有‘花华圣经书房’的书影。”[④] 一个书馆为什么会出现两个中文名称？其中原因待考。本书还是取按英文翻译并在多数情况下使用的“华花圣经书房”这一名称。

书馆刚搬到宁波的时候规模较小。“根据 1845 年 9 月年度会议的一个决议，书房工作人员人数只限 2 名印刷工人和 3 名排字工人。根据另一项决议，拨款 1 000 美元作为印刷部门 1845 年 10 月 1 日至 1846 年 10 月 1

① 张静庐辑注：《中国近现代出版史料（近代初编）》，上海：上海书店出版社，2003 年，第 259 页。

② McIntosh，Gilbert：*The Mission Press in China*，Shanghai：American Prebyterian Mission Press，1895：10.

③ 熊月之：《西学东渐与晚清社会》，上海：上海人民出版社，1994 年，第 169 页。

④ 范慕韩主编：《中国印刷近代史》，北京：印刷工业出版社，1995 年，第 77 页。

日这一年中的经费。”这种情况一直持续到 1850 年，当时雇用的印刷人员仍是“2 名印刷工和 3 名排字工”。1854 年时人数有所增加，“工人平均人数为 8 人”，1859 年则雇用了 9 名工人。①

华花圣经书房的印刷设备情况不是很清楚，但有一点可以肯定的是，书馆的印刷是机器铅活字印刷，没有墨海书馆还采用中国传统雕刻印刷的情形。麦金托什在《在华早期的教会书馆》中引用了华花圣经书房年度报告中的一段话，值得注意：

> 可能有人会问，我们的印刷是否会像中国人一样价廉。对此可以回答说，汉文印刷有几种不同的类型（styles），自然价格也不相同。如果你采用质量最差的那种（而他们的大部分印刷或许都是这样），那么答案只能是：不可能印得同中国人所印的一样便宜。如果有人检查中国人的工作使用劣质的纸张，印刷字符雕刻不好且因频繁使用而磨损致使大部分印刷物的字迹模糊不清，这样的印刷品难以阅读。所以我们无法与之在价格上相比较。但是我们这样来评价我们书馆的产品并非是公正的标准。如果把他们的印刷品中较好的或最佳的产品拿来同我们的产品比较——因为我们不怕比较——除某些字符当初未制备好，是可以改进的外，我们确信，在长期的竞争中，我们的金属活字印刷终将被看做是价格最低、效果最好的办法。②

从这里我们可以看到，书馆把自己的印刷与中国传统印刷进行了比较，他们是以一种相竞争的态度从事印刷的，对各自的优缺点都相当了解，对于自身的印刷有相当的信心。在这种背景下，华花圣经书房就不会有采用中国传统印刷的可能了。

华花圣经书房的印刷出版工作由一个出版委员会管理。委员会的成员参与选择出版的书目，决定发行量、版式以及经费，参加出书后的校对工作，负责把书分发给教会外的其他会员，并且对有关书馆的一切事宜提出意见。第一届委员会由柯尔（Cole）、娄理华（Lowrie）和克勃森（Culbertson）组成。1847 年 8 月，柯尔因事辞职赴上海，委员会改由鲁密

---

① McIntosh，Gilbert：*The Mission Press in China*，Shanghai：American Presbyterian Mission Press，1895：6—34.

② McIntosh，Gilbert：*The Mission Press in China*，Shanghai：American Prebyterian Mission Press，1895：6—34.

斯（Loomis）负责。1849 年，鲁密斯因健康原因返回美国，由科尔托（Coulter）接管书馆的工作。1853 年 12 月 12 日，科尔托病逝于宁波，由魏理哲（Rev. R. Q. Way）接任。可能是由于采取的是委员会制的集体管理，而主要负责人又更换频繁，所以宁波华花圣经书房的影响与墨海书海相比，显得逊色不少，这可能与宁波本身与上海相比居于下风也有很大的关系。

华花圣经书房在姜别利到来之后出现了重大转机。1858 年 10 月，威廉·姜别利（Willian Gamble）被派来主持书馆工作。姜别利的两大贡献——用电渡法制造中文金属活字、发明检字字盘，就是于 1859 年至 1862 年间在书馆完成的，前文已有叙述，这里不再重复。姜别利主管后书馆的经营有了很大的变化。1858 年以前，书馆的印刷量从来没有超过去 500 万页（1857 年为 4 505 600 页），1858 年，书馆印刷量达到 6 175 460页，1859 年更达到 7 395 560 页。更重要的是，姜别利看到了书馆身处宁波的局限性。1860 年 12 月，在他的努力下，宁波华花圣经书房迁到了上海，并更名为美华书馆（The American Presbyterian Mission Press）。美华书馆初在上海小东门一带，1874 年又从小东门迁到北京路 18 号靖远里，也就是今天的“北京东路 288 弄靖远里”。1902 年，时任主管的费启鸿博士又将美华书馆迁到北四川路横滨桥北首，位置相当于今四川北路永安电影院北面。①

美华书馆在上海成立后，因为姜别利在中文印刷技术上的重大突破，再加上场地扩充、设备更新、铅字增加等，美华书馆的印刷能力有了很大的提高。1860 年书馆刚搬到上海时有 5 台印刷机，每年能印刷 11 000 000页。1862 年，又新增加了一台滚筒式印刷机，这一年的印刷量达到了14 000 000页，比书馆在宁波时的最高印量还多出一倍。虽然姜别利于 1869 年离开了美华书馆，但由于他所奠定的坚实基础，美华书馆以后一直发展良好。到 1895 年，书馆有 4 台滚筒印刷机、1 台平版印刷机、4 台大型手动印刷机；此时的雇工则发展到 126 人；1890 年到 1895 年间书馆每年的平均印刷量为 40 316 350 页。到 1903 年时，美华书馆的印刷设备又扩增到 5 台大型滚筒印刷机、2 台小型滚筒印刷机、3 台平版印刷机和 6 台手动印刷机，书馆的雇工则多达 206 人。美华书馆发展成为一个大型的印刷专门机构，圣经会、圣教书会、广学会等教会机构出版的报

① 薛理勇：《美华书馆位置考》，《档案与史学》，2003 年第 4 期，第 68 页。

刊书籍，大多由其印刷。正因为此，麦金托什对姜别利及美华书馆作出充分的肯定，他认为，姜别利除了有了发明的智慧，还有精明的经营才能、坚忍不拔的意志和持之以恒的耐力，他“使书馆脱离了初创的幼稚状态，一跃成为基督教在中国得以取得巨大成果的得力机构”①。

美华书馆的经营一直延续到20世纪，1923年，其印刷器材盘给商务印书馆，书馆关闭。

从宁波华花圣经书馆到上海美华书馆，这一机构有一个显著的特色，就是以印刷为主，这种印刷主要是代印的传教品，很少像墨海书馆那样有自己著作的出版。这也是华花圣经书馆完全没有采用中国传统雕版印刷的原因之一。因此，从这一机构的实际情况来看，我们似乎称之为“美华印馆”更为准确。

近代早期传教士办的印刷出版机构主要有两个特点。第一，数量不多、规模不等、分布不广。从数量来看，这一时期开办的传教士印刷出版机构总共只有10家，其中属于基督教新教的7家，属于天主教的3家。从规模来看，这些机构大小不一、规模不等。墨海书馆、美华书馆、土山湾印书馆等有一定规模和影响，其他的7家虽然有的延续时间较长，但规模和影响都十分有限，正因为如此，这些机构的相关资料十分缺乏。从分布来看，这些印刷出版机构主要设在第一次鸦片战争后开放通商传教的口岸城市，以上海最为集中，共有4家，其中3家都是有代表性的重要机构。基督教新教的印刷出版主要在东南沿海，天主教印刷出版活动则深入到了中国北方地区。第二，这一时期基督教新教传教士办的印刷出版机构与第一次鸦片战争前新教传教士在香港、澳门及南洋一带印刷出版机构有一种承续关系。英华书院的印刷设备迁自新加坡，墨海书馆迁自巴达维亚，华花圣经书房迁自澳门，最初的设备、人员均直接来自原先的机构。

第二节　传教士出版的中文书刊

这一部分我们要着重考察传教士出版的中文书刊。

---

① 美华书馆的资料主要参考 McIntosh，Gilbert：*The Mission Press in China*，Shanghai：American Presbyterian Mission Press，1895.

这里首先要说明两点。第一，这一部分对传教士出版书刊的考察并不是弄清楚每一种书刊的内容及出版过程，由于年代久远，资料缺乏，这几乎是不可能的。这里的考察主要是从总体上分析其内容特点，尽可能地对其出版形式做一些探讨。第二，来华传教士出版书刊在鸦片战争以前就已经开始，要了解鸦片战争以后传教士出版物的情况，有必要对鸦片战争以前的传教士出版物有一个追溯。

一、传教士出版的图书

1842 年以前，传教士的活动主要在广州、澳门及南洋一带，其最主要的中文图书出版地方是马六甲、巴达维亚和新加坡。据伟烈亚力《基督教在华传教士回忆录》一书所载目录，1842 年以前传教士出版的中文图书共 133 种，其中宗教内容的图书有 106 种，约占 80%；其他内容的图书如道德、历史、地理、经济等 27 种，约占 20%。[①]

1842 年以后，传教士出版中文图书的地点由南洋转移到香港、广州、上海等地。虽然地点发生了变化，但图书内容总的结构特征并没有多大的变化。本书根据熊月之先生的成果，制作了表 4-2。

表 4-2　1842 年以后图书内容总的结构特征

地点	图书总数	宗教类图书		非宗教类图书	
		种数	比例	种数	比例
香港	59	37	63%	22	37%
广州	42	29	69%	13	31%
福州	42	26	62%	16	38%
厦门	13	12	92%	1	8%
宁波	104	86	83%	18	17%
上海	171	138	81%	33	19%
总计	431	328	76%	103	24%

从表 4-2 可以看出，宗教类图书比例最高的是厦门，占到了 92%，最低的是福州，也达到了 62%，出版图书较多的宁波、上海宗教类图书

① 根据《早期基督教传教士出版中文书刊目录（1811—1842）》计算得出。此目录载熊月之：《西学东渐与晚清社会》，上海：上海人民出版社，1994 年，第 134—141 页。

的比例都超过了81%。传教士在六个城市出版的图书中宗教类图书总体上所占比例为76%，这一比例接近传教士在鸦片战争以前出版图书中宗教类图书所占的约80%的比例。这充分说明，从1811年以来直到19世纪的六七十年代，宗教类图书始终占据了传教士出版图书的主导地位。

这些宗教类图书主要是各种《圣经》节译本和传道小册子。对传教士来说，《圣经》当然是最重要的宗教出版物。早在1804年，当一部《新约全书》的中文手稿在大英博物馆被发现的时候，不列颠国外《圣经》出版协会就由此成立。在这一机构的资助帮助下，《圣经》的第一个中文全译本于1822年在印度的雪兰坡（Serampore）出版。这个项目是由英国浸礼会（English Baptist Mission）的传教士马士曼（Johnson Marshman）完成的。伦敦传教会的马礼逊翻译的《圣经》中译本晚一年(1823年）也在马六甲出版。以后各种不同版本的《圣经》不断被翻译出版，《圣经》的翻译出版也成为教会的主要任务之一。《圣经》虽然是最重要的宗教出版物，但仅靠《圣经》来传教显然是不够的，而且因为《圣经》的篇幅比较长，所以传教士在《圣经》之外出版了各种《圣经》的节译本。又根据不同的情况选择不同的主题出版了众多的宣传解释《圣经》的小册子，这些节译本和小册子在品种数量上占据了宗教图书的绝大部分。这些小册子内容非常丰富，篇幅长短不一。如《圣经之史》(1851年在香港出版)，有77页，专门介绍《圣经》。《上帝辩证》（合信著，1852年在广州出版)，只有9页，单就“上帝”进行解释。麦都思著的《论勿拜偶像》(1846年在上海出版，1849年重印)，也只有8页，内容则是通过对中国文化中的偶像崇拜现象的批评来宣讲基督教义。

传教士出版的非宗教类图书虽然在品种数量上占较小比例，但其内容丰富，在中西文化交流、介绍引进西学方面具有重要意义。关于这一点学术界有较多的研究成果，但这并不是本书关注的要点。这里要探讨的是这些非宗教类图书内容结构方面的一些特点。

本书同样是根据熊月之先生提供的资料，对鸦片战争以后传教士出版的非宗教类图书的情况进行了分类统计，详见表4-3。[①]

---

① 表4-3中，“年鉴”是一种出版形式，其内容应为历史、地理等综合内容。香港出版的年鉴最多的叫《华番和合通书》。“科学”包括数学、物理、化学、天文等。“其他”包括教科书、字典（语言）、风俗等。

从表 4-3 可以得出以下两个结论。

第一，在非宗教类图书的出版上，地域特征比较突出。

香港出版最多的是年鉴，有 10 种，占非宗教类图书的 45%。另外，“其他”类的书也占了 36%。香港出版的年鉴最多的叫《华番和合通书》，书中一般附有地图 1～4 幅，其内容主要是中西文化风俗等的介绍，其中地理是一项重要内容。“其他”类的图书主要是教科书和语言文字工具书。这两类图书有一个共同点就是具应用性、实用性。

表 4-3　鸦片战争后传教士出版的非宗教类图书分类统计

地点	非宗教类图书总数	道德		年鉴		医学		地理		历史		科学		其他	
		种数	比例	种数	比例	种数	比例	种数	比例	种数	比例	种数	比例	种数	比例
香港	22			10	45%			1	5%			3	14%	8	36%
广州	13	1	8%	3	23%	5	38%	1	8%	1	8%	2	15%		
福州	16	8	50%					1	6%	1	6%	3	19%	3	19%
厦门	1													1	100%
宁波	18	4	22%					2	11%	3	17%	6	33%	3	17%
上海	33	1	3%	9	27%	4	12%	1	3%	1	3%	12	36%	5	15%
总计	103	14	14%	22	21%	9	9%	6	6%	6	6%	26	25%	20	19%

广州的医学书出版得较多，这主要是因为传教士在广州较早开办了医院，而且效果较好。早在鸦片战争之前，美国传教士伯驾（Peter Parker）① 于 1835 年 11 月 4 日在广州新豆栏街 7 号的丰泰洋行内租屋开

① 伯驾（Peter Parker，1804 年—1888 年），亦译作巴驾或派克。美国传教士、医生兼外交官。1804 年生于美国马塞诸塞州，1831 年毕业于耶鲁大学，后入神学院接受神学和医学训练，1834 年获得医学博士学位，同年被美部会派遣来华，成为基督教第一个来华传教医生。1838 年 2 月 21 日在英国鸦片贩卖的大本营东印度公司的支持和建议下，“中华医药传教会”在广州成立，东印度公司哥利支医生任会长，伯驾任副会长，大鸦片商颠地、查顿（William Jardine）等人都是终身董事。他于 1844 年起在当时还设在广州的美国驻华使馆中工作，1845 年至 1855 年任美国驻华使馆头等参赞，其间三次代理公使职务，1855 年—1857 年正式任美国驻华公使。在第二次鸦片战争前他与英、法、俄各国联合向清政府提出“修约”要求，竭力扩大对华侵略权益，第二次鸦片战争期间英、法联军侵华时，他又主张美国出兵侵占我国领土台湾岛。1857 年 8 月伯驾卸任回国，1879 年后在美国任“中国医务传教会”会长。

设“广州眼科医局”（Canton Ophthalmic Hospital），又称“新豆栏医局”。这是中国第一所新式教会医院，在医学史也被认为是中国境内第一所西医院。医院对穷人不收医药费，开业后，求医者络绎不绝，在开业后的六个星期中，就有400人前来就诊，开设的第一年，共诊治病人2 000多人次。另外，1847年，合信（Benjamin Robson）①从上海抵广州，翌年6月在金利埠开设惠爱医院，其时有梁发、卢挺善、周励堂等华人传道人员协助传道。这些医院为传教士出版医学图书提供了条件，合信就是医学名著《全体新论》的作者。

福州的道德类图书占了50％，这在其他几个城市是没有的。这几种图书分别是《劝戒鸦片论》（首次出版于1853年，1855重印，另1856年出版同名书一种）、《乡训》（1853年）、《赌博明论》（1856年）、《辨性论》（1858年）、《辨毁谤》（1858年）、《辨孝论》（1858年）。这8种书有7种都是出自同一作者卢公明（Justus Doolittle）②。看来一个地方出版的图书类型与当地活跃的传教士有直接的关系。

宁波、上海的科学类图书所占比例相对较大，分别为33％、36％。这与两地的传教士也有直接的关系。宁波的科学类图书作者主要是玛高温（Daniel Jerome McGowan）③，6种中有3种都是他一人所著，分别是《博物

---

① 合信（1816年—1873年），是伦敦会差派来华的宣教医生，也是马礼逊的女婿。合信毕业于伦敦大学医学院，来华参与医疗宣教的20年，先后在澳门、香港、广州、上海四个地方行医传道。其中以主持广州惠爱医馆的时间最长，约为8年。在广州期间，他还编译了两部重要的中文书籍：《全体新论》和《博物新编》。《全体新论》出版于1851年，是中国近代第一部系统介绍西方人体解剖学的著作。全书分3卷39章，将人体的主要器官和系统，包括运动、消化、呼吸、循环、泌尿、内分泌、神经和生殖系统，都作了介绍，并附有各种人体解剖图。《博物新编》出版于1855年，介绍的领域更广，涉及天文、地理、物理、化学、光学、电学、生物等多方面，是内容相当丰富的科学读物。合信于1859年返英，1873年病逝于英国，享年57岁。

② 卢公明（Justus Doolittle，1824年—1880年），美国汉学家、美部会传教士。他在华活动20余载，参与了美部会在福州的开创性工作。他创办了格致中学、文山女中，出版了第一部系统介绍中国人社会生活的著作《中国人的社会生活》（*Social Life of the Chinese*）及编撰了中英文字典《英华萃林韵府》（*Vocabulary and Hand-Book of the Chinese Language*），是一位具传奇色彩的美国来华传教士

③ 玛高温（Daniel Jerome McGowan，1814年—1893年），美国浸礼会的传教医师，早在1843年就来到宁波传教施医，1854年在宁波创办《中外新报》，1862年回国在南北战争中当军医，1868年加入翻译馆，边行医边译书，数量不多。后死于上海。

通书》(1851年)、《日食图说》(1852年)、《航海金针》(1853年)。上海则是因为有伟烈亚力、合信，两人分别出版科学类图书6种和5种，合占上海地区全部科学类图书的92%。

第二，从总体上看，非宗教类图书中科学类图书最多，共26种，占25%，如果把医学类图书也算进去，则所占比例为34%，超过三分之一。最少的则是历史、地理两类，均只有6种，占6%。这一点其实与这一时期传教士出版图书的整体结构是一致的。从整体上讲，这一时期各种宗教类图书占了传教士出版图书的近80%，这说明宣传宗教是这一时期传教士图书出版的主要目的。出版科学类图书，其目的也是为传教服务的。在基督教传教士看来，基督教与科学并不是矛盾的，而是统一的。他们认为，认识自然规律是认识上帝的必要途径，因为自然规律和自然秩序正是上帝智慧的完备体现。在《广学会年报》中曾有一段话充分说明了这点：

> 真正的科学与真正的宗教是互不排斥的，他们像一对孪生子——从天堂来的两个天使，充满光明、生命和欢乐来祝福人类。我会就是宗教和科学这两者的代表，用我们的出版物来向中国人宣扬，两者互不排斥，而是相辅相成的。①

二、传教士出版的期刊

早在马六甲时期传教士就开始编辑出版中文期刊，期刊是传教士出版的一个重要方面。

1.《察世俗每月统记传》

传教士出版的最早的期刊当属《察世俗每月统记传》，它于1815年8月5日在马六甲创刊。《察世俗每月统记传》的英文名为"*Chinese Monthly Magazine*"，杂志的中英两种刊名之间没有直接的对应关系。作为传教士办的第一份中文刊物，为什么要取"察世俗每月统记传"这一名称呢？在杂志第二卷首的《〈察世俗每月统记传〉序》中有这一段话：

> 天中生有者乃神也。神乃一，自然而然。当始神创造天地人万物，此乃根本之道理。……既然万处万人皆由神而被造化，自然学者不可止察一所地方这各物，单问一种人风俗，乃需勤问及万世万

① 《广学会年报》(第十次)，1897年。见《出版史料》，总第24期，上海：上海书店出版社。

处万种人，方可比较辨明是非真假矣。……总无未察而能审明之理，所以，学者要勤功察世俗人道，致可能分是非善恶也。①

这段话的核心是“学者要勤功察世俗人道”，它既解释了刊物取名“察世俗”的原因，也说明了刊物的宗旨，就是察世俗，明神道。明神道是目的，“察世俗”是方法和手段，刊物的最终目的是为了宣传基督教。这一宗旨在米怜于1819年撰写的《基督新教华头十年之回顾》一书中说得也十分明白，在这本书中米怜对《察世俗每月统记传》进行了总结：

至本报宗旨，首在灌输知识，阐扬宗教，砥砺道德，而国家大事之足以唤醒吾人迷惘，激发吾人之志气者，亦兼收并蓄焉。本报虽以阐发基督教为唯一急务，然其他各端，亦未敢视为缓图而掉以轻心。知识科学之于宗教，本相辅而行，足以促进人类之道德，又安可忽视之哉？②

也有学者认为，在当时中国朝野视基督教为异端的时代背景下，虽然远离中国本土，但马六甲的中国侨民依然受到从当时传教的环境民族传统的伦理道德、风俗习惯和宗教的支配与影响，而对基督教的宣传采取高度警惕的态度。在这种情形下，米怜在刊物中的遣词用字不得不有所顾忌而持谨慎的态度。在出版中传教士尽量用一种婉转的方式，这不仅表现在序言中，也反映在封面和内容里。在仅刊物名称用了“察世俗”这样中国文化特色的用词，在《察世俗每月统记传》的封面，还印上了当时的嘉庆年号，左侧写着“博爱者纂”，右侧则写道：“子曰多闻，择其善者而从之。”这句话来源于《论语·为政篇》的“多面闻阙疑、慎言其令、则寡尤”，《述而篇·第七》的“三人行必有我师焉。择其善者而从之，其不善者而改之”。③《察世俗每月统记传》在刊物名称、封面用语甚至整个刊物中表现出来的这种特征与其说是一种不得已的“婉转”、“谨慎”，不如说是一种主动的“适应”与“接近”。传教士始终注重尊重中国传统文化，尽量避免与中国传统文化的冲突，他们的目的是要尽量让中国人尤其是中国的知识分子接受基督教。正因为如此，马礼逊初到

① 转引自叶再生：《中国近代现代出版通史（第一卷）》，北京：华文出版社，2002年，第139页。

② 转引自叶再生：《中国近代现代出版通史（第一卷）》，北京：华文出版社，2002年，第140页。

③ 卓南生：《中国近代报业发展史》，北京：中国社会科学出版社，2002年，第24页。

广州的时候，坚持着汉服、食中餐，他最初的著作也以中国传统的雕版方式出版。米怜作为马礼逊的助手，应该也遵循这一原则。米怜甚至在马礼逊的基础上还有创造发挥，这就是将基督教义附会于儒学，也是用儒学著作中的语句来表达基督教义。米怜曾坦率地说："对于那些对我们的主旨尚不能很好理解的人们，让中国哲学家们出来讲话，是会收到好的效果的。"①正是基于这样一种考虑，所以《察世俗每月统记传》的封面上印有出典于《论语》的话，刊物的文章中也大量引用《四书》、《五经》中的文字和儒家学者的言论来阐释和宣传基督教义。

无论从哪个方面来理解《察世俗每月统记传》的语言特征与风格，都不影响我们对其办刊宗旨的认识，其宗旨就是宣传基督教义。这一点可以从刊物内容上得到充分说明。据统计，《察世俗每月统记传》80%以上的篇幅刊载的是基督教义以及与宗教有关的内容，不到20%的篇幅刊载世界历史、地理、天文、民情风俗等方面的知识。②

由于较难见到《察世俗每月统记传》的原刊，关于它的出版形态有几种说法。但这些不同的说法之间出入不是太大，综合一下还是可以看出《察世俗每月统记传》在出版形态方面的基本特征：每册5～7页，10～14面，有时多至10页20面。每面的行数不等，一般为7行、8行或9行，每行的字数有20个字的，也有24个字的。③

《察世俗每月统记传》的印量不大，刚开始只印500册，三年后每期印1 000册。刊物在当地的华侨中免费发送，也有说《察世俗每月统记传》被带到广东一些地方，在科举考试时再派发。但有学者质疑这一说法根据不详，有待进一步核实。④《察世俗每月统记传》采用雕版印刷，一般认为在1821年停刊。但台湾学者蔡武根据哈佛大学图书馆藏有"道

① 转引自方汉奇主编：《中国新闻事业通史》，北京：中国人民大学出版社，2000年，第258页。

② 熊月之：《西学东渐与晚清社会》，上海：上海人民出版社，1994年，第106页。

③ 《察世俗每月统记传》的出版形态分别见卓南生：《中国近代报业发展史》，北京：中国社会科学出版社，2002年，第18页、第29页；熊月之：《西学东渐与晚清社会》，上海：上海人民出版社，1994年，第105页；叶再生：《中国近代现代出版通史（第一卷）》，北京：华文出版社，2002年，第139页。

④ 方汉奇主编：《中国新闻事业通史》，北京：中国人民大学出版社，2000年，第260页。

光壬年二月”（1822 年 2 月—3 月）出版的《察世俗每月统记传》，因此他认为该刊应该停刊于 1822 年。①

《察世俗每月统记传》因为在近代创办最早，因此人们对它格外关注，也给予它很高的评价。但这些关注和评价有些并不恰当，比如关于该刊的历史定位问题。一些学者认为《察世俗每月统记传》是我国近代最早的期刊。针对这种观点，严昌洪先生提出了不同的看法。他认为，该刊的出版地不在中国，办报人和投稿人不是中国人，因此该刊不能算是我国的第一份近代报刊。②准确地说，《察世俗每月统记传》应该是近代最早的中文期刊。

因为创办最早，《察世俗每月统记传》作为近代期刊也是比较初步的。该刊除了按月连续出版和内容上每篇文章的篇名相对独立外，从形式上与中国传统的图书并无多大区别。其中比较突出的就是借用图书中常用的“序”这一方式来说明创办缘由、刊物主张和刊载内容及发行办法等。该刊的内容以宗教宣传为主，并不注重时间性、新闻性。早期的中国报刊史研究专家白瑞华（Roswell S. Britton）曾说，该刊与其说是一份“月刊杂志”（a monthly journal），不如称之为“定期发行的（宗教）小册子（a periodical tract）”。③

1823 年 7 月，米怜的助手麦都思在巴达维亚创办了《特选撮要每月纪传》（*A Monthly Record of Important Selection*）。该刊基本上是《察世俗每月统记传》的续刊，两刊在宗旨、内容、样式、风格等方面都基本一致。该刊在 1826 年停刊，共出版 4 卷。

在《特选撮要每月纪传》停刊两年后，即 1828 年，另一份中文期刊《天下新闻》（*Universal Gazette*）在马六甲创刊，编辑是当时英华书院的院长、传教士纪德（Samuel Kidd，1799 年—1843 年）。《天下新闻》1829 年因为纪德离开英华书院回国而停办。该刊虽然存续时间较短，但该刊有 4 个突出的特点：一是首次用活字印刷；二是在经费上接受了两名英国商人的资助；三是式样突破了书本格式，采散页形式；四是内容

① 卓南生：《中国近代报业发展史》，北京：中国社会科学出版社，2002 年，第 33 页。

② 严昌洪：《〈察世俗每月统记传〉不是我国第一份近代报刊》，载《新闻研究资料》（总第五十辑），北京：中国社会科学出版社，1990 年，第 130 页。

③ 卓南生：《中国近代报业发展史》，北京：中国社会科学出版社，2002 年，第 32 页。

上宗教宣传不再占绝对重要的地位。

2.《东西洋考每月统记传》

1833 年 8 月 1 日，《东西洋考每月统记传》在广州创刊。与前几种刊物相比，该刊有了一些值得关注的发展变化。

《东西洋考每月统记传》的宗旨不再是以宗教宣传为主，而是为了改变中国人对西洋人的偏见，维护外国在华人士的利益。与《察世俗每月统记传》等刊物一样，该刊在创刊号上也有一篇“序”，用以介绍其办刊目的。这篇“序”比较长，有近千字。序中大量引用了中国人熟悉的儒家用语，写得比较婉转隐晦，但仍然可以看出其办刊主旨。“序”中有这样两段：

> 万姓虽性刚柔缓急，音声不同，却万民出祖宗一人之身。因此原故，子曰：四海之内，皆兄弟也。……倘子视外国与中国人当兄弟也，请善读者仰体焉，不轻忽远人之文矣。
>
> 夫舟车所至，人力所通，天之所覆，地之所载，日月所照，霜露所坠，凡有血气者，莫不尊亲，以昭雍睦也。……万国咸宁，则合四海为一家，联万性为一体，中外无异视。弟情愿推雍睦之意结异疏。故纂此文。读者不可忽之，则乐不胜。为序。①

郭实腊在序中引用“四海之内，皆兄弟也”，提倡“四海为一家，联万性为一体，中外无异视”，都是力图用中国人的语言婉转说明，外国也有自己的历史与文化，有他们自己的文明，而且东西洋的文明是平等的、相通的，因此中国人对外国人不应有偏见。该刊的办刊宗旨在郭实腊 1833 年 6 月 23 日用英文写的一篇介绍文章中，就说明得更充分了：

> 尽管我们和他们有长期的交往，他们仍然公然表示是高于其他国家而位居世界第一，并视其他民族为“蛮夷”。这种无知与自傲严重地影响了旅居广州的外国人的利益，妨碍了他们与中国人之交往。这个旨在维护广州与澳门的外国人的利益的月刊，就是要促使中国人认识我们的工艺、科学和基本信条，与其高傲和排外的观念相抗衡。……编者认为更佳之手段是通过事实的展示，从而说服中国人，让他们自知自己还有许多东西需要学习。②

---

① 转引自叶再生：《中国近代现代出版通史（第一卷）》，北京：华文出版社，2002 年，第 145 页。

② 原文刊载在《中国丛报》1833 年 8 月号，中文译文转引自卓南生：《中国近代报业发展史》，北京：中国社会科学出版社，2002 年，第 47 页。

在这里，郭实腊清楚地说明该刊将要用介绍西方文化、伦理、科学技术和社会政治制度等，以消除中国人的高傲和视其他民族为“蛮夷”的排外观点。在郭实腊介绍刊物宗旨的序和文章中，我们都再也见不到以前以宗教宣传为核心的内容了。

宗旨的变化在刊物的内容上得到了充分的体现。《东西洋考每月统记传》内容的重点是介绍西方的知识与文明，宗教宣传基本上淡化了。该刊第一次介绍了西方国家的政治经济制度。1834 年的 4 月、5 月、6 月三期上，在头条位置连载了《英吉利国政公会》一文，介绍英国的两院制议会。1837 年 5 月的一期上发表“论”一篇，专门介绍美国建国及其联邦制度。1838 年的 7 月号上，又在一页的头条刊登了《北亚默利加办国政之会》一文，进一步向中国人介绍了美国的议会政治。科学技术也是该刊的主要内容之一，但与《察世俗每月统记传》等相比，该刊在天文知识的介绍外更多地介绍了西方的实用科技知识。如《火蒸车》、《孟买用炊气船》、《推务农之会》、《救五绝》（急救方法）等。该刊还第一次开设了一些“专栏”。它每期都辟有“新闻”栏，报道各国近况。新闻栏的消息来源，主要是通过西方船只带来的信件或报纸。在 1834 年 2 月—5 月的刊物上还有“市价”专栏，详列“（广东）省城洋商与各国远商相交买卖名货现时市价”。在 1838 年的刊物上，《东西洋考每月统记传》又开辟了“贸易”栏。贸易栏的内容有中西贸易的近况介绍，但重点是在介绍中西贸易的好处。例如 1838 年 2 月号上刊登了近 2 000 字的长文，强调“不论买卖何物，内外彼此获益。与外国通商愈兴，百姓愈享庶富之盛”的道理。在贸易栏的另一篇文章中，作者通过两个中国人的对话，驳斥所谓的“贸易损国”论。刊物后期还增加了文学的内容，刊有《诗》、《李太白文》、《苏东坡词》和《论苏东坡词》等，同时也介绍了希腊诗人荷马及其代表作《伊利亚特》，其用意是在说明欧洲也有自己的文学传统。总之，《东西洋考每月统记传》涉及新闻、社会政治经济制度、科学技术、商业贸易、文学等，内容广泛，已经初步具备了现代期刊“内容多样性”的特征，以往宗教教义说教内容独大的现象不在了。

《东西洋考每月统记传》宗旨和内容发生重大变化，主要是因为以下两个方面因素。其一，刊物出版的时代背景发生了较大变化。19 世纪 30 年代，英国对中国的非法鸦片输入更加猖獗，外国船只和人员来华数量大增。与此相应的，外国人员在广州的活动更加活跃。从 19 世纪 30 年代初开始，外国人开始在广州长住下来，他们还拥有了自己的教堂、印刷所和报社。1830年秋，在广州的英美传教士成立了“基督教联合教会”，同年还成立了“中国海员教友会”，在广州的商人也建立了商会。在这样一种背景下，要求清政府打开国门，要求实现所谓的自由贸易和人员的自由交往就成为在华外国人迫切的共同要求与利益。其二，刊物主编是一个有着独特背景的传教士。《东西洋考每月统记传》的创办者是传教士郭实腊（Karl Friedrich Auqust Gutzlaff，1803年—1851年）。郭实腊出生在德国，1827年他受荷兰布道会的派遣到南洋传教。后来他想到中国去传教，遭到教会拒绝，于是他于1829年脱离了荷兰布道会。郭实腊一心想进入中国，他曾自己划一条舢板船试图闯入中国，但没有成功，他又加入一支偷运鸦片的船队，在船上充当翻译，一直在中国的沿海活动。这期间他和英国的传教士、外国商人和外交官建立了广泛的联系。郭实腊最有影响的活动是他对中国沿海的三次侦察。第一次是1831年6月3日，郭实腊搭乘一艘250吨的货船（船主是在泰国做生意的福建人），从海南一直到天津，再从天津折返，于12月13日到达澳门。第二次是1832年2月27日从澳门出发，经上海后北上朝鲜、日本然后折返，于1832年9月5日回到澳门。这次他经吴淞口到达了上海。第三次侦察的时间是1832年10月12日到1833年4月29日。这三次侦察之后，他写了《三次航行中国沿海记》，详细记录了他的侦察过程和结果，对英国最后发动侵略战争起了很大的作用。郭实腊虽是传教士出身，但他更多的是一个活动家，他对传教之外事务的兴趣远大于传教本身，对当时以英国为首的在华外国势力的要求与利益非常了解。这直接影响了他对刊物内容的取舍。①

《东西洋考每月统记传》在出版形式上也有两个突破。一是实行收费订阅。郭实腊在一篇介绍刊物筹备情况的文章中写道：

> 由于这是一项与所有住在此地的外国人社会具有共同利益的工作，编辑希望他们当中有足够的人士能订阅，以便支付有关的开销。订阅费是以六个月为期计算，每期定价不少于一圆，订阅者将能收到七期……②

---

① 有关郭实腊的材料，请参见顾长声：《从马礼逊到司徒雷登——来华新教传教士评传》，上海：上海书店出版社，2005年，第44—53页。

② 原文刊载在《中国丛报》1833年8月号，中文译文转引自卓南生：《中国近代报业发展史》，北京：中国社会科学出版社，2002年，第59页。

《东西洋考每月统记传》的读者对象主要是中国人，但郭实腊却在外国人中征订，这说明主要是为了寻求经费支持，这种征订还是一种有限的、不是为了扩大发行的非一般意义的征订。

二是与教会没有直接关系。《东西洋考每月统记传》于1833年8月1日创刊，到1834年5月停刊。1835年2月复刊，同年7月又停刊。1837年2月该刊在新加坡再度复刊，出到1838年4月最终停刊。[①]《东西洋考每月统记传》之所以这样两度停刊、断断续续出版，主要是因为此刊早期系郭实腊私人主办并编辑。以个人之力办刊，可能受到经费和精力两方面的制约较大。郭实腊又是一个十分活跃的人，他可能无心专志于一本杂志的编辑工作。也有人认为这可能与清廷干预有关。《东西洋考每月统记传》后来在新加坡复刊是由中国益智会接办的。中国益智会又叫"在华实用知识传播会"（The Society of Useful Knowledge in China），该会1834年11月20日在广州成立，英国大鸦片商马地臣（James Matheson，1784年—1843年）和查顿（William Jardine，？—1857年）先后任会长，英国驻华商务监督和各国驻广州领事任名誉会员，郭实腊是该会的秘书。这是一个联合在华各国官、商及传教士的组织。《东西洋考每月统记传》在新加坡复刊后，郭实腊与该会的另一秘书马儒翰（马礼逊次子）都兼做编辑。从上述出版过程可以看出，在《东西洋考每月统记传》的三个出版时期，该刊都没有与哪一个教会机构有直接关系。

《东西洋考每月统记传》停刊后不久，1838年10月，《各国消息》（*News of All Nations*）在广州创刊，创办人和主编是麦都思，协助办刊的是麦都思的女婿、英商奚礼尔（Charles Batlen Hillier，？—1856年）。《各国消息》在办刊方针上基本上是《东西洋考每月统记传》的继续，不同之处是，《各国消息》上完全没有了宗教性的内容。另外，该刊采用石印技术印刷。[②]到1839年，中英关系已经十分紧张，英商和传教士都离开了广州，因此，《各国消息》只出版数期就停刊，但具体的停刊日期不详。

---

① 方汉奇主编：《中国新闻事业通史》，北京：中国人民大学出版社，2000年，第272页。另据叶再生先生称：现见该刊"最后一期为道光戊戌年（1838年）九月"，见叶再生：《中国近代现代出版通史（第一卷）》，北京：华文出版社，2002年，第147页。

② 石印技术虽然在中国近代出版史上有一定的地位，但因为它不是一种主流的印刷技术，而且它的引进与使用也不是以传教士为主，故本书不专门介绍。

3.《遐迩贯珍》

《遐迩贯珍》(*Chinese Serial*) 于1853年9月3日在香港创刊。该刊的中文刊名很直接地揭示了其宗旨：刊载西洋（远方）和中国（近处）也就是“遐迩”的好事或要事，或者用更简明的话说，就是“中外重要讯息汇编”。其创刊号上发刊词更进一步揭明了刊物的宗旨：

> 泰西各国创造电气秘机，凡有所欲言，瞬息可达数千里，而中国从未闻此。其致此之由，总缘中国迩年与列邦不通闻问。……彼此不相交，不能指示见授；尔有所闻，无从剖析相传。倘若此土恒如列邦，准与外国交道相通，则两获其益。①

这里明确告诉读者，编者汇编中外重要讯息的目的，是要促进中国“与外国交道相通”。这与《东西洋考每月统记传》等刊的宗旨是基本一致的。基于这样的办刊目的，《遐迩贯珍》的内容主要就是介绍西洋的近代文明，包括社会政治经济制度、近代科技知识和西方各国历史等。

《遐迩贯珍》与以往的传教士刊物相比，有五点鲜明的不同之处。其一，《遐迩贯珍》对新闻予以了特别的重视。从数量上看，前面介绍的几种期刊有的基本没有新闻，有的也不过零星的几条，最多不超过10条。而《遐迩贯珍》每期基本上都有10条以上，多的达到40条。从内容结构来看，以前的新闻以国际新闻为主，国内新闻少见。《遐迩贯珍》的新闻则以国内为主，内容包括过去很少涉及的军事活动、中外交涉、文化动态、时人行踪及市政建设等。当时太平天国的活动情况在刊物上就有很多报道。其二，第一次在刊物上标明了定价。在《遐迩贯珍》的创刊号上，封面的左下方写着“香港英华书院印送，每号收回纸墨钱十五文”字样。刊物定价始于《东西洋考每月统记传》，但将定价标明在刊物上，这是第一次。其三，《遐迩贯珍》首次出现了英文目录。因为这本刊要靠在华外国人赞助或订购（订购是实施赞助的一种重要方式），英文目录的出现主要是为了方便外国人了解刊物的内容，正因为如此，英文目录比中文目录更为详细，目的就是让外国人能够通过英文目录能大致了解刊物的内容，这主要是一种服务意识的体现。其四，第一次刊登了读者来稿。如1855年的第八、九号分别刊登了读者关于禁赌的来稿《赌博

① 转引自熊月之：《西学东渐与晚清社会》，上海：上海人民出版社，1994年，第145页。

危害本港自当严禁论》。其五，第一次开辟“布告编”，刊登广告。从1855年第1期起，《遐迩贯珍》新增了一个“布告编”，其内容每期相似，如船期预告、药商和牙医的“告帖”、“启帖”等，还有英华书院的招生通告。这些内容就是广告。

《遐迩贯珍》在出版形式方面有两个特点。第一，与社会团体发生了更密切的关系。《遐迩贯珍》的创办与马礼逊教育会（Morrison Education Society）有很大的关系。1836年9月28日，为纪念马礼逊在华开拓的传教事业，由英国大鸦片商查顿（William Jardine）和颠地（Laneelot Dent）等人倡议和组织，从欧美商人中募捐一笔资金，成立了“马礼逊教育会”。[①]马礼逊教育会的宗旨是：“采用开办学校和其他办法，改进和推动中国的教育。”马礼逊教育会最初是每月向郭实腊的妻子温施蒂（Wanstall）提供15英镑的资助，在她的女塾中附设男塾，作为马礼逊学校的预备。1839年11月4日，在温施蒂关闭其所办的女塾和男塾之后，在教育会的资助下，美国传教士布朗（Samuel Rabbins Brown）在澳门开办了“马礼逊学堂”。1849年，因布朗回国，马礼逊学校停办。在这种情况下，马礼逊教育会决定将其一部分基金用在中文报刊出版上，于是就有了《遐迩贯珍》的出版。应该说，马礼逊教育会实际上是《遐迩贯珍》的主办者。马礼逊教育会是一个由以商人为主的各国在华人士组成的团体，它并不是一个宗教机构，这一点直接影响了刊物的宗旨和内容。第二，编辑人事变动频繁，主要编辑都是兼职的。《遐迩贯珍》最初的编辑是麦都思，但因其当时居住在上海，忙于其他事务，一年后他就将有关编辑事务转给其女婿奚礼尔（Charles Batten Hillier，？—1856年）。但奚礼尔当时也是香港殖民政府的官员，1855年，他将编辑工作转给英华书院院长理雅各，1856年，奚礼尔被英国派往泰国出任领事，这一年的5月，《遐迩贯珍》停刊。没有专职的主要编辑是《遐迩贯珍》停刊的主要原因。

《遐迩贯珍》以小册子的形式出版，每册从11页至24页不等，每月发行一次，共4卷，33册。《遐迩贯珍》使用铅活字印刷，也是第一份用铅活字印刷的中文期刊。

与《遐迩贯珍》基本同时的，还有《中外新闻》（*Chinese and Foreign*

① 关于该会成立的时间，另有1834年一说，本书采大多数文献的说法。

Gazette)，1854 年 5 月在宁波创刊，初为半月刊，每期 4 页，从 1856 年起改为月刊。《中外新闻》最初由美国浸礼会传教士玛高温主持，从 1859 年开始，改由美国长老会传教士应思理（E. B. Inslee）任主编。《中外新闻》仍然采用雕版印刷，1861 年停刊，共出 11 期，其内容与《遐迩贯珍》类似。

4.《六合丛谈》

1857 年 1 月 26 日，《六合丛谈》(*Shanghai Serial*) 在上海创办。与其他传教士所办期刊一样，《六合丛谈》也在其创刊号中以“序”的形式揭明它的办刊宗旨：

> ……今予著《六合丛谈》一书，亦欲通中外之情，载远近之事，尽古今之变。见闻所逮，命笔志之，月各一编，罔拘成例，务使穹苍之大，若在指掌，瀛海之遥，如同衽席。①

“载远近之事，尽古今之变，”也就是对刊名“六合丛谈”的解释。“六合”是指“上下四方”，也就是“远近”与“古今”，从谈“六合”的目的，就是“通中外之情”。这一宗旨与《东西洋考每月统记传》、《遐迩贯珍》等是一脉相承的。

《六合丛谈》在内容上也基本与《东西洋考每月统记传》、《遐迩贯珍》一致，《遐迩贯珍》停刊后未登完的文章，有些还在该刊继续刊登。因此有学者认为，《六合丛谈》可以说是《遐迩贯珍》的延续，或者说是《遐迩贯珍》的“上海版”。②其实与这两刊相比，《六合丛谈》在内容上还是有些不同之处的。比如在新闻内容上，《六合丛谈》的新闻以外国新闻为主，在全部 167 条新闻中，同中国相关的新闻只有 8 条，所占比例不到 5%。从第 6 期开始，就再也没有关于中国的新闻出现。③ 这主要是因为《六合丛谈》出刊期间正值第二次鸦片战争，对中国时事的报道涉及客观性、公正性与立场的问题。《六合丛谈》的立场和观点都是与英国政府一

---

① 伟烈亚力：《六合丛谈小引》，《六合丛谈》第 1 号。转引自方汉奇主编：《中国新闻事业通史》，北京：中国人民大学出版社，2000 年，第 338 页。

② 分别见叶再生：《中国近代现代出版通史（第一卷）》，北京：华文出版社，2002 年，第 158 页；卓南生：《中国近代报业发展史》，北京：中国社会科学出版社，2002 年，第 94 页。

③ 卓南生：《中国近代报业发展史》，北京：中国社会科学出版社，2002 年，第 92 页。

致的，而该刊的出版地又是在上海，这无疑会引起中国人的反对，影响传教士在中国的活动，所以出现了对中国内地新闻只字不提的现象。另外，《六合丛谈》新辟有“进口货单”与“出口货单”栏，还有“银票单(汇率)”与“水脚单（运费)”栏，在经济信息的报道方面又进了一步。

《六合丛谈》在出版形式方面与《遐迩贯珍》也有相似之处。如每期都列有详细的英文目录，封面版式也基本一致，甚至也标有“每本例取纸墨钱十二文”的字样，也是以活字印刷的。不同的是，《六合丛谈》的编辑比较稳定，一直由伦敦会传教士亚历山大·伟烈亚力（Alexander Wylie）主编，但该刊经费并不充裕，正是因为“经费拮据”，它只出版了15期，即于1858年3月停刊。①

① 熊月之：《西学东渐与晚清社会》：上海：上海人民出版社，1994年，第205页。

第五章　近代中晚期的传教士出版

第一节　《格致汇编》：傅兰雅及格致书院

一、傅兰雅及格致书院

傅兰雅（John Fryer，1839 年—1928 年），1839 年 8 月 6 日出生于英国肯特郡海德镇一个牧师家庭。贫困的家境使他从小养成了发奋学习、努力向上的性格。他自幼向往中国，萌生来华工作的愿望。他曾在酒厂当过学徒，后来得到政府助学金，就读于伦敦海布莱师范学院。1861 年 7 月 30 日，傅兰雅受英国圣公会派遣到达香港，任圣保罗书院院长。两年后，即 1863 年，傅兰雅辞去圣保罗书院的职务，赴京师同文馆担任英文教习。只过了两年，1865 年，傅兰雅南下上海任英华书院校长。上海英华书院是由中外人士共同发起创办的一所学校，成立于 1865 年，校址设在上海英租界界石路（今福建中路），主要招收 10 岁～13 岁的商界子弟入学。近代著名启蒙思想家郑观应曾在此校学习两年。1868 年，傅兰雅在英华书院的聘用期满后，就转到刚成立的江南制造局翻译馆工作，并主持馆务。在英华书院任职期间，傅兰雅甚至还从 1866 年 11 月开始在《上海新报》兼任编辑工作。从 1861 年到达香港起，傅兰雅的工作不断变化，而且他的工作与传教本身也没有很大的联系，在一定程度上，傅兰雅与其说是一个传教士，不如说是一个自由职业者。1868 年，傅兰雅脱离教会，专心致力于江南制造局翻译馆的编译工作。傅兰雅与制造局的合约从 1868 年 6 月 20 日起生效，为期 3 年，以后每 3 年订一次合同。不知是不是鉴于傅兰雅以前的从业经历，江南制造局与傅兰雅签订的合约规定："除译西国格致制器外，局中不可另有他事以分译书之心；傅先生亦不在外另办新闻纸馆及一切别事。”合约为傅兰雅划定了译书范围和工作要求。可能是最终找到了自己要走的路，傅兰雅在江南制造局翻译馆一干就是 28 年，先后翻译英文原著 143 部，直到 1894 年他离开中国到美国定居。傅兰雅的主要事业成就都是在江南制造局翻译馆任职期间完成的。傅兰雅是晚清最为出色的西学引介者，他对晚清科技图书的翻译贡献最大。清廷为表彰傅兰雅，特赐他三品头衔。

傅兰雅在江南制造局翻译馆主持翻译的一些著作，大都以英美流行的科学教材、百科全书和专门技术著作为底本，完整译出。这些著作在英美都不是入门的初级读物，对于刚刚接触西方科技的中国读者来说，自然是太深奥了。傅兰雅还认识到：江南制造局的译书发行不广，远离上海的人不容易购买到译书，人们找不到了解西方科技的门径，更谈不上登堂入室了。因此，傅兰雅认为科技知识的介绍首先应该从初级入手，逐步深入，最后才能融会贯通，掌握它。出于这种认识，从 1874 年开始，他就利用译书的余暇，积极从事科学教育等为中国人启示科学门径的活动。自 1874 年开始，傅兰雅参与创办上海格致书院。

上海格致书院由英国驻沪领事、麦都思之子麦华陀（Walter Henry Medhurst，1823 年—1885 年）倡议创办。1873 年 3 月，由麦华陀署名的倡议书分别在上海的《北华捷报》和《申报》上发表，得到各界的积极响应。一年后格致书院正式进入筹备阶段，1874 年 3 月格致书院章程在《申报》上发表，同月董事会成立。徐寿受托具体修订了格致书院的章程，并亲自绘图设计，指导动工兴建。书院的房舍于光绪元年（1875 年）落成，院址在上海北海路，即今格致中学校址。征集、购置图书仪器主要由傅兰雅负责。1876 年 6 月 22 日，格致书院正式开幕。书院一直延续到 1913 年才停办。

格致书院实行董事会管理的体制，董事会由中西人士共同组成。在格致书院成立的过程中，以麦华陀、傅兰雅等为主的西方人士起了主要作用，在书院成立以后，以徐寿、王韬等为主的中国人对书院事务影响较大，基本上是一个中外董事共同主持的机构。书院的开办经费共 6 929 两白银，1 521洋元，其中 80%以上都是由中国官员绅商捐助的。直隶总督李鸿章、两江总督李宗羲捐款都在千两以上，上海道台捐了 2 000 两白银。[①]

---

① 熊月之：《西学东渐与晚清社会》，上海：上海人民出版社，1994 年，第 354 页。

在1874年《申报》上刊登的格致书院章程中，第二条规定了书院的宗旨：

> 立此书院，原意是欲中国士商深悉西国人事，彼此更敦和好。

这里对宗旨的说明还可以看到以前《东西洋考每月统记传》等的影响，强调的仍是沟通中西，彼此和好。其实这对于格致书院来说是不太准确的。在董事会给英国各界要求捐助科学仪器及机械的一份公函中，也提到了书院的宗旨：

> 现拟于中国上海，设立格致书院，其意欲令中国便于考究西国格致之学、工艺之法、制造之理。①

两处宗旨强调的侧重点不同，章程中强调的是最终目的，公函中告知的是直接目的。

格致书院主要开展了三个方面的工作：展览、讲座、征文（考课）。

格致书院1875年底从英国方面募得价值现银20万两左右的各式科技仪器。为了置放这些仪器，书院建了一个长200尺、宽50尺、高40余尺的大铁房，在当时的上海堪称现代而壮观，格致书院成为普及科技常识的重要窗口。从1877年起，格致书院开始举办科学讲座，1879年开始招收学生。几十年中，讲座时断时续，学生时多时少，讲授的内容却始终围绕格致之学。据“格致书院会讲西学章程”规定，课程分矿物、电务、测绘、工程、汽机、制造6门。从1886年起，格致书院举行一年四次的考课，止于1894年，连续9年无间断，一般都由洋务派官员和早期改良思想家如李鸿章、刘坤一、盛宣怀、薛福成、郑观应等来命题。1889年—1893年，书院又增加了春秋两季的特课，专请南、北洋大臣命题阅评书院的考试命题。考课实际上就是命题作文。格致书院的考课参加者并不仅限于书院的学生，书院以外的各类人士都可以参加，这样书院的考课实际上也就变成了一种征文比赛。9年间有多少人参加这种征文并不清楚，从征文主持者留下的材料可知，获得超等、特等、一等奖的共有1 878人次，来自全国十多个省区。命题的内容绝大部分都是关涉科技和时务。格致书院的征文活动可以说是一场持续9年之久、受到中国社会上层官员重视和支持、得到社会各界广泛参与的科技知识普及活动，它

① 熊月之：《西学东渐与晚清社会》，上海：上海人民出版社，1994年，第351页、第359页。

的影响广泛、深入而又持久。

在筹建格致书院的过程中，傅兰雅得知北京出版的中文期刊《中西闻见录》将于1875年停刊。《中西闻见录》(*The Peking Magazine*)是由丁韪良、艾约瑟等传教士组织的“在中国传播有用知识学会”编辑的月刊，由京都施医院出版。它创办于1872年9月，至1875年8月出至36期后，由于稿源缺乏等原因而停刊，上述学会也随之解散。得知《中西闻见录》即将停刊的消息之后，傅兰雅即着手准备创办《格致汇编》。1875年11月，他印发了一份英文的私人启事，宣布他将编辑出版一种科学月刊，“一方面要促进探究的精神，一方面要在大清帝国传播通俗实用的科学知识。它将为介绍已经出版的科学译著服务，刊载科学课程的短篇解说和科学讲演稿，并作为本邦受教育人士问询、获取其感兴趣的科学信息的媒介”。从这里可以看出，傅兰雅把《格致汇编》当作江南制造局译书工作及格致书院教学工作的延伸和补充，《格致汇编》、江南制造局翻译馆、格致书院三者是紧密联系的。

为了争取丁韪良等《中西闻见录》的编者、作者和读者的支持，傅兰雅还决定将《格致汇编》在名义上作为《中西闻见录》的延续，在《格致汇编》的封面显著位置写上“是编续补《中西闻见录》”的字样。但实际上，两刊并没有什么实质的联系，尤其在内容方面还有很大的区别。《中西闻见录》是一份综合性的杂志，主要内容有中外新闻、寓言杂记、诗文小品、科学知识等，《格致汇编》则是一份专门性的科学杂志，“格致”是这份杂志唯一的内容。

格致之名，得自中国古老的哲学命题——格物致知。《礼记·大学》说：“致知在格物，物格而后知至。”此后两千余年，学者们对这个命题给出了多种不同的解释。到了晚清，格致一词已专指从西方传入的声、光、电、化等自然科学，盖取其穷究事物之理而获取其知识之意。傅兰雅对刊名没有更多推究，在他眼里，格致仅是代表科学技术的一个词汇。因此，《格致汇编》创刊时的英文名字是“*The Chinese Scientific Magazine*”(《中国科学杂志》)，但其中关于工艺技术的介绍占有很大的分量，所以后来杂志的英文名称就改为“*The Chinese Scientific and Industrial Magazine*”(《中国科学与工艺杂志》)。

二、《格致汇编》出版情况

《格致汇编》的创刊号于光绪二年正月十五日（1876年2月9日）问世，此后每月按期发行。第一年的每一期大约有2万字。第二年每期增至3万字。每期还有不少广告。出满2年之后，由于傅兰雅送其夫人返回英国治病而停刊。傅兰雅原计划1878年年底返回上海，由于他夫人的病情和他应邀到中国驻德使馆译书等原因，实际上他延至1879年初秋才返回上海。光绪六年三月（1880年4月），《格致汇编》恢复出版。此次复刊，仍然每月出版一期，直至光绪七年十二月（1882年1月），因发行不畅、亏本较多而第二次停刊。第二次停刊后，因"数年来西国格致之学日新月异，视前辑者已成陈迹矣，苟不随时译公同好，大失辑《格致汇编》之本心，况有远近诸友怂恿劝续声不绝耳"①，傅兰雅于光绪十六年（1890年）再次决定复刊。这次复刊，改为季刊，每期增加了页码。这次复刊比较隆重，不仅将月刊改成了季刊，其英文名字"*The Chinese Scientific and Industrial Magazine*"也是在这次复刊时取的。此次复刊还分别请薛福成、王韬和汪振声作了序言。序前有《格致汇编》馆的一通启事，因事关此刊的刊印情况，摘录如下：

> 《格致汇编》之作，始于光绪二年。连辑两套，及光绪四年请假回国，无人瓜代，因而两阅寒暑未能续辑。嗣经诸友劝续，义难固辞，于光绪六年重理旧章，复刊二年。至此，《格致汇编》已成四套矣。后因事忙，直停至今，已阅八载。前四年者多经售，暇辄校正重印，间有重印二次者。于此可见，格致之学亦华人之所喜好也……前者，月出一卷；因恐事促难及，现多加页数，积三月而一出，即季一本。每本取印订费二角半，满年装套共价一元……前四年汇编有售缺者亦已重印完备，每套改订四本，价仍一元，均有出售……光绪十六年正月格致汇编馆启。

此文刊在第五年的春季号上，详细地说明了《格致汇编》的刊印过程。季刊坚持了3年，到光绪十八年（1892年）底，出完第7年的冬季号以后，彻底终刊了。这样算下来，全刊共跨了17个年头，实际仅出版了7年，共计出了整60期。其中48期月刊，12期季刊。开本大小一直

① 《格致汇编》第五年第一卷·《格致汇编馆告白》

是小 16 开，月刊本的页码大约 25 面，季刊则 3 倍之。如今遗存下来的，几乎全是光绪十八年（1892 年）以后重版的、按季装订的本子。至光绪十八年（1892 年），因傅兰雅要赴美参加世界博览会，《格致汇编》第三次停刊，此后再未复刊。但停刊后，《格致汇编》还多次重印过。

三、《格致汇编》的内容与特色

《格致汇编》以介绍近代科技知识为宗旨，所以其内容以译文为主。从创刊起，其风格形式就比较固定，栏目变化不大。每期一般由一篇或几篇较长的译文或连载译著打头，其次是几篇短文，以下依次是“算学奇题”、“互相问答”和“格物杂说”三个专栏。从第 3 年起，加强了长篇连载译著的分量，压缩了短文数量，专栏内容也大为减少，“算学奇题”和“格物杂说”栏一度停刊，“互相问答”也一度停刊，后应读者要求恢复。1890 年复刊之后，栏目基本保持不变，仍以长篇译著为重点，短文较少，三个专栏保留，但所占篇幅较小。长篇译著是编者的着重点。从第 3 年起，傅兰雅等编刊时注意将连载译著分开，以便读者拆下分订成册，同时，还发行了一些连载译著和其他篇幅较长的译著的单行本。这种经《格致汇编》发表同时又发行单行本的译著有近 30 种之多。

一般说来，《格致汇编》以介绍基础科技知识为主，同时避免与已有的译书相重复。比如数学、化学、物理学等学科，已有较多不错的中译本，所以《格致汇编》在这些方面的译著就比较少。而科学仪器和日用工业技术以及卫生学等方面还较少有专门译著，所以《格致汇编》在这些方面介绍的篇幅就很多。

在介绍科学知识方面，《格致汇编》突出介绍了科学仪器和科学实验。近代科学又被称为实验科学，可以说没有科学试验，就没有近代科学。但是，在《格致汇编》创刊之前，中国还没有专门介绍科学实验和实验仪器的译著。一般的译书中涉及科学实验的部分内容大都不是很详细，一些好奇的读者尝试进行实验往往不得其法。《格致汇编》出版不久，常常有读者来信向傅兰雅请教如何进行实验，或问询哪里能买到仪器。因此，傅兰雅在《格致汇编》第 1 年的第 11 期上刊登告示说：“本馆作《(格致）汇编》之意，原欲在中国广行各门格致之学，但有数门如天文、地理、化学、热学、光学、声学、重学需用器具材料，亲自实验方能深明。而各类材料为中国尚未能自造者，故务必从西国购来。但内地之人要考究格致之学，不知器具与材料何价并何用法。凡阅《（格致）汇编》诸君，如要买何种器料，致信下问，本馆当回复言明，不取分文。”同时，他还购买了部分仪器和药品，代售与读者。从第2年起，他还刊登了几家有名的科学仪器制造商的产品广告，后来，他又编译了这几家公司的详细产品说明书，辑为《格致释器》在《格致汇编》上连载，成为清末介绍西方科学仪器的重要文献。

在《格致汇编》中，“互相问答”最受读者欢迎。这是编者答复读者问询的一个专栏。在《格致汇编》问世的前2年，分别刊出了96件和123件。第3年以后，傅兰雅为了增加长篇译著的篇幅，有意缩减了专栏的内容。“互相问答”也大幅减少，并一度停刊，后来虽应读者的要求恢复，但篇幅还是不多。来函问询的读者，以上海本埠最多，其次江苏(不含上海)、浙江读者也不少，此外还有福建、广东、山东、湖北、湖南、江西、四川和云南等省也有读者投函问询。来信大都询问关于近代科学和工艺技术的问题，表明当时已经有相当一部分人对科学技术表现出浓厚的兴趣。傅兰雅答复读者的问题相当认真。有些问题，如关于电镀、农机具、潜水器具、养蜂法、照相法、纺织机械和石印术等，都翻译了专门的论著发表。有一些问题，还请徐寿、贾步纬等专家回答。

《格致汇编》以介绍西方科技知识为主，但也刊登了少量中国学者的科学研究成果和有关新闻。如1877年《格致汇编》报道了徐寿第三子徐华封仿制成电话一事。1876年，美国人贝尔（A. G. Bell）发明了电话，引起全世界的轰动。徐华封从西方报纸上看到电话的示意图之后，着手仿制，三天就制成了一部电话。不久，又进一步改进，仿制电话的质量达到了与西方电话相当的水平。《格致汇编》第3年第7卷（1880年8月）上发表了徐寿的《考证律吕说》的重要论文，报道了徐寿的研究成果。傅兰雅还将这篇论文的主要结论翻译成英文，寄到英国，发表在著名的《自然》杂志上，引起英国科学界对徐寿的赞誉。

《格致汇编》的发行范围很广。创刊之初，利用“续补”《中西闻见录》的关系，就有24处代销点。到1880年5月，代销点增至38处，1880年底，增加到80处。除了上海附近的南京、镇江、苏州、扬州、杭州等地之外，长江沿线的安庆、汉口、武昌、九江、沙市、宜昌、武穴、兴国、重庆，沿海的福州、厦门、宁波、温州、香港，直隶的北京、天津、保定，以及新加坡、日本神户和横滨等地也有代销点。

《格致汇编》的印数之多，是其同时代的江南制造局译书馆所无法比拟的。我们不知道《格致汇编》销售量的确切数目，但我们知道，其创刊号就有 3 000 册，当年九十月即销售一空并迅速重印。所以，以后各期的印数也应该在 3 000 册以上。在当时，这可不是一个小数字。例如同期江南制造局出版的译书，一般印数都在 1 000 册以下，如《运规指约》(1871 年)，《开煤要法》(1871 年)、《代数术》(1873 年) 等书，到 1879 年分别只卖出了 780 部、840 部和 1 000 部，远比《格致汇编》的发行量少。

《格致汇编》由上海《申报》馆印刷，采用铅印。杂志印刷精美，图文并茂。其中许多插图是用铜版镂镌的。例如，李鸿章、李善兰像是在英国照相石印制成的，徐寿像则是在英国制成钢版画像后再石印而制成的。

《格致汇编》的经费完全由傅兰雅一个人筹集，在经济上与其他个人和机构没有任何关系。对于刊物的财务状态及与格致书院的关系，傅兰雅曾在刊物上明确说明：

> 《（格致）汇编》与教事无关，虽由格致书院发售，实亦与书院无涉。按月编印，工资取诸自备，收回售价，庶能补不甚亏。奈同事之供给膏火，时有所需；图版之购于外国，价值甚贵，日计月核，常有入不敷出之虞。①

在《格致汇编》创办时，他得到了格致书院董事会的允诺，让他使用新建书院的一间房子作为杂志出版和发行的办公室。至于编辑、经费、出版发行等事务一概由傅兰雅个人负责，与书院无关。《格致汇编》最初每期售价在上海是 50 文，全年订阅价为半元。寄外地的每期加收邮资 10 文。1880 年初次复刊后，每期售价变为 100 文。这个价格是一个仅能维持刊物基本运行的定价。

科技一直是传教士出版的重要内容。在《格致汇编》出版之前及同时，传教士伟烈亚力编辑出版的《六合丛谈》(1857 年 1 月—1858 年 6 月)、丁韪良等人的《中西闻见录》(1872 年—1875 年) 和林乐知编辑的《益智新录》(1876 年—1878 年) 等杂志，都以一定的篇幅介绍西方科学知识。但这些刊物都不是以传播科学知识为宗旨的，而是介绍科技知识与传教相互为用，其根本的目的还是传教。而《格致汇编》则完全以传

① 《格致汇编》第二年 (1877 年) 第 5 卷，第 16 页。

播科技知识为宗旨，刊物只刊登科技文章。因此，《格致汇编》是中国近代最早的一份科技杂志。

第二节　益智书会及中国基督教教育会

一、机构沿革

1877年（光绪三年），全国已有各类教会学校347所，在校学生5 917人。① 这一年，在华新教传教士第一届大会（The First General Conference of the Protestant Missionaries in China）在上海召开。在这次大会上，教育问题以及与此相关的教科书问题引起了大会的重视。美国传教士丁韪良②提交了一份关于教会世俗出版物的报告，英国传教士韦廉臣建议成立一个组织常设上海，专门处理教科书出版事宜。大会的文字工作委员会（Committee on Literature）正式提议组织一个委员会来准备一套初级教材，以适合目前教会学校的需要。大会最后接受了这一建议，并决定成立一个名为“School and Textbook Series Committee”（直译为“学校及教科书委员会”）的机构，中文名称为“益智书会”。

益智书会最初由六名成员组成，分别是丁韪良（W. A. P. Martin）、韦廉臣（A. Williams）、狄考文（R. C. W. Mateer）、林乐知（Y. J. Allen）、

① 王树槐：《基督教教育会及其出版事业》，载《近代中国与基督教论文集》，台北，宇宙光出版社，1981年，第197页。此文亦收入《近代史研究集刊》（第二期）。

② 丁韪良（William Alexander Parsons Martin，1827年—1916年），字冠西，美国印第安纳州人，基督教新教长老派传教士。丁韪良是清末在华外国人中首屈一指的“中国通”，同时也是一位充满争议的历史人物。丁韪良于道光三十年（1850年）来中国，先在宁波传教，随后为美国政府提供太平天国情报。第二次鸦片战争时期任美国公使列维廉的翻译，并参与起草《中美天津条约》。同治元年（1862年）一度回国，不久又来华，在北京建立教会。1865年为同文馆教习，1869年—1894年为该馆总教习，并曾担任清政府国际法方面的顾问。光绪十一年（1885年），得三品官衔。1898年又得二品官衔。1898年—1900年，任京师大学堂总教习。除翻译有关基督教、自然科学、国际法方面书外，还著有《花甲忆记》、《北京之围》、《中国人对抗世界》、《中国人之觉醒》等，并曾第一次正式地、全面地将国际法著作介绍到中国。丁韪良在中国生活了62个年头（1850年—1916年，中间有4年时间不在中国），1916年12月17日，丁韪良在北京去世，与妻子同葬于西直门外的一块墓地。

利启勒（R. Lechler）（德国巴色会传教士）、傅兰雅（John Fryer）。丁韪良任委员会主席，韦廉臣任秘书，傅兰雅任总编辑兼管财务。1886 年，益智书会成员进行了一次调整，由原来的 6 人增至 9 人，增加的三名委员是慕维廉（R. N. Muirhead）、潘慎文[①]及一名中国籍会员颜永京[②]。调整后的益智书会由慕维廉任主席。

益智书会的成立在经费上得到了社会各界的支持。美国监理会差会、伦敦圣教书局、英国商人汉壁理以及中国洋务派官员等共捐款 4 809.58 两白银，占益智书会总收入的 51%。[③]益智书会成立后主要开展了三方面的工作：一是编辑出版学校教科书，二是建立统一的译名，三是在《教务杂志》[④]上开辟专栏，讨论教育问题。

在益智书会成立后的 13 年（1877 年—1890 年）间，来华传教士由 473 人增加到 1 296 人，增加近 3 倍。与此同时，教会教育也迅速发展，学生人数由 5 917 人增加到 16 836 人，学校数量也增加很多，教会中学纷纷兴起，有些高等中学还升为大专学校，职业学校也有建立。随着学校和学生的增多，教会教育中出现的一些问题也就日益复杂和突出。如教学方法与教学计划的制定、译名的统一、考试和教学管理的协调等。第二次在华新教传教士大会召开之前，武昌的一位教会中学校长巴克在《教务杂志》上撰文指出："中国学习西学日增，每年皆有学校成立，其

---

① 潘慎文（Alvin Pierson Parker，1850 年—1924 年），美国监理会在华传教士。美国佐治亚州人，1875 年来到中国，主要从事教会教育工作，曾任苏州存养书院院长。关于潘慎文的更多资料请参见胡卫清：《传教士教育家潘慎文的思想与活动》，《近代史研究》1996 年第 2 期。

② 颜永京（1839 年—1898 年），上海人，字用经，1848 年受洗入教，1854 年到美国留学，1862 年回国，被委为牧师，在武昌等地传教。后任上海圣约翰书院院长。有《心灵学》等多种西学译著。

③ 王立新：《美国传教士与晚清中国现代化》，天津：天津人民出版社，1997 年，第 237 页。

④ 《教务杂志》（*Chinese Recorder*），1868 年（同治八年）美以美会传教士保买（Baldwin. S. L.）在福州创办。1872 年 5 月（同治十一年四月）出版第 4 卷后停刊。1874 年复刊，并改为月刊。光绪十八年（1892 年）以后，美以美会的裴来尔、长老会的费启鸿、浸信会的乐灵生、长老会的梅立德以及伦敦会的白约翰曾先后担任过该刊主编。1941 年 12 月太平洋战争爆发，《教务杂志》停刊。《教务杂志》全部是英文版，主要发行对象为在华的传教士，但实际阅读者却远不止传教士。该刊对研究传教士在中国的传教活动有相当大的文献价值，1984 年美国已有全套的缩微胶卷。

中教会学校所占比重尤为重大，要求设立学会亦非常迫切。余深信开会时，教育问题较其他问题更为实际。”[①]一些传教士更直接建议对益智书会进行改造，以适应形势发展的需要。在这样一种情形下，在1890年召开的在华新教传教士第二次大会上，益智书会主席慕维廉和总编辑傅兰雅在向大会提交的报告中提出希望成立一个新的委员会来代替益智书会。大会采纳了他们的建议，决定在益智书会的基础上成立一个新的组织，英文名称为“The Educational Association of China”(直译为“中国教育会”)，中文名称仍沿用“益智书会”。1902年，在第五次会员大会上，该会的中文名称改为“中国学塾会”，在1905年的第六次大会上，其中文名称又改为“中国教育会”，后因中国人自己已有同名的组织，该会在1906年将其中文名称改为“中国基督教教育会”，其英文名称也相应地调整为“The China Christian Educational Association”。

从机构的组织构成情况来看，中国教育会比益智书会更完善，规模也更大。从会员情况来看，教育会会章规定，凡基督教徒而从事教育工作者或编辑学校用书者，皆可申请会员。[②] 根据会员录记载，1890年成立时会员数为35人，1893年为73人，1896年为138人，1899年为189人，到1902年，人数达到了249人。教育会不仅在会员人数上远远超过益智书会，在当时的教会学校中亦有相当的影响。1895年时，约有六分之一的西籍教师参加该会，1905年时，约有三分之一的西籍教师参加该会。[③] 会员的基本职责是交纳会费（每年1元），参加每3年一届的大会。教育会设会长1人，副会长2人，总编辑、秘书、会计各1人。第一任会长为狄考文[④]，后由美国公理会传教士谢卫楼接任。1896年，又增设编辑

---

① 转引自王树槐：《基督教教育会及其出版事业》，载《近代中国与基督教论文集》，台北：宇宙光出版社，1981年，第203页。

② 这一带有排斥性的规定在1905年修改为：从事教育工作或编辑学校用书的基督教徒可申请为正式会员（Active Members），非基督教徒则可申请为准会员（Associate Members）。但会章又同时规定，只有正式会员才有投票权和任职资格，因此该会对会员的规定并没有实质变化。

③ 转引自王树槐：《基督教教育会及其出版事业》，载《近代中国与基督教论文集》，台北：宇宙光出版社，1981年，第207页。

④ 狄考文（Calvin Wilson Matteer，1836年—1908年），美国北长老会来华传教士。1864年到山东登州（蓬莱），传教40多年。创办中国境内第一所现代高等教育机构文会馆，传播西方的科学和文化，以后规模不断扩大，是著名的齐鲁大学的前身。狄考文也是译经委员会主席，主持翻译了今天广为流传的《圣经》中文译本“和合本”。1908年在青岛去世。

秘书1人，专门负责编辑《教务杂志》的教育专栏。教育会又设有执行委员会，由6人组成。会长、秘书和会计是当然委员，总编辑为执行委员会的主席，其余2人由大会选举产生。执行委员会成员都是义务工作者，并不在教育会支领薪水。执行委员会实际上是教育会的领导机构，也是日常办事机构。教育会还根据工作开展需要设立了许多工作推行委员会，如出版物委员会、科学名词委员会、教育改革委员会、课程委员会、向中国政府陈奏委员会等，最多的一届设有10个委员会。但这些委员会比较虚，有些并没有开展工作，委员大多是挂名的。1890年—1911年间一直存在的工作推行委员会只有2个，一为出版委员会，一为统一译名委员会。①

二、出版活动

益智书会的出版活动分为两种：一种是自己出版图书，另一种是审定图书。从1877年成立到1890年的13年时间中，益智书会共出版书籍50种，74册，审定书籍48种，115册。益智书会出版图书有两种情形：一是图书出版全部由书会自己负责编辑、经费由书会承担，这类图书有35种；二是由作者编辑、经费由作者承担，这类图书有15种。审定图书也分两种：一是对要出版的图书进行审定，审定的图书有的由作者自行出版，有的由其他机构出版；二是对此前已经出版的图书进行审定，经认可后可供学校使用。

益智书会出版和审定的图书分为算学、科学、历史、地理、宗教、读本6类，其中最多的是科学类图书，共45种，占总数的46%，其次是宗教类图书，共20种，占总数的20%。宗教类的图书占有一定的比例，主要是因为益智书会委员之一的韦廉臣积极热衷于此事。益智书会出版的宗教图书几乎都是由韦廉臣及其夫人所编撰的，这在当时就引起了其他一些委员的不满，狄考文就指责其利用秘书权力印刷宗教书籍。而科学类图书能够占到近一半的比例，则主要是因为傅兰雅的原因。傅兰雅从1879年起任益智书会总编辑，他全心致力于科技类图书的编译，共有42种图书被益智书会出版和审定②，益智书会的科技类图书几乎全部是

① 关于中国教育会的研究可参考孙广勇：《社会变迁中的中国近代教育会研究》（博士学位论文），华中师范大学，2006。

② 熊月之：《西学东渐与晚清社会》，上海：上海人民出版社，1994年，第580页。

由傅兰雅编撰的，其比例高达 93%。益智书会所出版的最有影响的也是科技类图书，其中最有代表性的是由傅兰雅编写的《格致须知》和《格物图说》两套丛书。《格致须知》计划出版 10 集，每集 8 种，共 80 种。到 1890 年实际出版了自然科学 3 集，其他几集后来只出版了一部分。《格致须知》各册篇幅都不大，只有 1 万多字，每册定价六分到一角不等，8 册合成一集的售价是 5 角。《格物图说》是教学挂图的配套读物，到 1890 年共出版 29 种，包括天文地理图、百鸟图、百兽图、百鱼图、光学图、电学图等。

虽然在机构上中国教育会与益智书会是一脉相承的，但中国教育会的出版活动与益智书会有较大的不同。教育会的出版活动主要是出版新书、审定图书和重印图书 3 种。在 1890 年—1911 年间，教育会共出版图书 35 种，审定图书 77 种。这些图书中科学类图书仍占最大比例，宗教类图书则只有 1 种，已经不占有什么地位了。

教育会出版和重印图书的情况见表 5-1。①

中国教育会第六届大会报告的新书出版数总共只有 35 种，与益智书会相比，其图书出版功能已经大大萎缩。特别是在 1899 年后，平均一年出版不到 1 种，可以说基本上已经不再出版新书。但另一方面，教育会的图书重印是越来越多，特别是从 1899 年后，图书重印量大增。1906 年的重印种数和册数虽然不得而知，但从教育会的售书所得中可知，1902 年—1905 年的售书所得为 27 050.97 元，1905 年—1909 年的售书所得为 22 176.20 元，② 由此可知，1906 年的重印数与 1903 年的重印数应基本一致。

表 5-1　教育会出版和重印图书情况

年代	出版新书种数	重印种数	重印册数
1893	12	13	不详
1896	18	18	8 855
1899	2	68	43 000

① 转载自王树槐：《基督教教育会及其出版事业》，载《近代中国与基督教论文集》，台北：宇宙光出版社，1981 年，第 210 页。

② 王树槐：《基督教教育会及其出版事业》，载《近代中国与基督教论文集》，台北：宇宙光出版社，1981 年，第 211 页。

续表

年代	出版新书种数	重印种数	重印册数
1903	2	83	56 000
1906	1	不详	不详
1909	0	14	不详

教育会审定的图书数量大大超过了自己出版图书的数量。而且在教育会审定的74种图书中，有25种是传教士编撰的，但这些书只是由教育会审定而不交由教育会出版，这已说明教育会在图书的出版功能上已经后退。另外，在这审定的74种图书中，有43种是商务印书馆出版的教科书。这些都说明，教育会已经从一个教科书的出版发行机构变为一个单一的教科书认定和发行机构。

三、出版活动的特点

益智书会和教育会本身不是一个单一纯粹的出版机构。益智书会的英文名称直译是"学校及教科书委员会"，中国教育会更是直接以"教育"为标榜。从机构性质来说，益智书会和教育会在功能定位上首先是一个教育机构，它是由教会教育而兴起，是为教会教育服务的。教科书出版只是为教会教育服务的重要内容之一。这一情形在中国教育会中体现得更为充分。在益智书会的6名委员中，丁韪良、韦廉臣、林乐知、傅兰雅4人都是热衷于出版的传教士。教育会采取会员制，其会员则主要是从事教会教育的西籍人士。如果说益智书会是一个兼职出版者的团体，教育会则是一个职业教育家团体，其关心更多的是教会教育和中国教育的问题。中国教育会第一次年会通过的章程表明，该会的宗旨是"促进中国教育的利益和增强从事教育工作者兄弟般的合作"。该会初期实际的工作主要有三个方面：(1) 编辑适用的教科书以适应教会学校的需求；(2) 谋求教学上的互助；(3) 探求及解决中国的一般教育问题。[1] 在1896年召开的中国教育会年会上，大会主席潘慎文作了题为《中国教育会与整个中国教育的关系》的演说，他提出：

① 王立新：《晚清在华传教士教育团体述评》，《近代史研究》，1995年第3期，第30页。

作为基督教教育家的协会，我们要在力所能及的范围内，用各种方法掌握中国（教育）的改革运动，使它能附和纯基督教的利益，而且要在中国创建西式教育标准过程中起主导作用。①

显然，中国教育会已把影响中国教育变革作为其主要任务。为实现这一目标，中国教育会专门设立了教育改革委员会。教育会一直使用“中国教育会”这一名称，实际上也是表明传教士试图影响整个中国教育的用心。教育会的这一目标当然没有实现，到后来，随着中国教育的迅速发展，教会教育不仅不能主导中国的教育，还有被边缘化的危险，教育会不得不专门成立一个“(向中国政府) 陈奏委员会”(the Committee of Memorial to the Chinese Government)，请求清政府给予教会教育“公正待遇”。

益智书会和教育会也不是一个专业的出版机构。益智书会和教育会是一个非赢利的机构，其所开展的各项工作都采用一种非商业化运行模式，从这个角度来说，其专业性不强。其一，效率不高。在 1896 年以前，教育会出版委员会有 7 名委员，不仅人数过多，而且散居各地。出版的书稿须各委员审阅，邮寄书稿和审阅均十分费时。从 1896 年起委员人数由 7 人减为 3 人，以求提高审查时效，但还是没有从根本上解决问题。其二，没有完善的稿酬措施。1896 年之前，益智书会和教育会出版的书都没有稿酬，从 1896 年开始，才规定作者可在第一版时收取百分之五的版税，再版时收取百分之十的版税。1899 年又取消版税的规定，改为与作者直接洽谈出版条件。虽然采取了这些补救办法，还是没能改变出版日益衰退的形势。其三，没有专门的工作人员。益智书会和教育会都是以义务方式推动会务的展开，所有为之服务的人员均是不支领薪水的兼职人员，教育会直到 1911 年才有一个专任秘书，这种情形显然不利于工作的推进。

益智书会和教育会的出版过分依靠传教士个人。益智书会时期，傅兰雅编撰出版的图书就有 42 种，加上韦廉臣及其夫人出版的宗教图书，共 62 种，占到了益智书会全部出版和审定的图书的 63%。在傅兰雅和韦廉臣之后，这样的传教士越来越少，教育会的出版也就严重萎缩。

① 王立新：《美国传教士与晚清中国现代化》，天津：天津人民出版社，1997 年，第 244 页。

第三节 《小孩月报》：范约翰及圣教书会

《小孩月报》是近代存续时间较长、较有影响的一份期刊。

《小孩月报》的创办情形学界并没定论。当时上海、福州、广州都有同名的刊物。一说上海的《小孩月报》是由福建的《小孩月报》迁来的。福建的《小孩月报》创刊于福州，由普纳姆夫人和胡巴尔夫人主办。又有学者根据范约翰的《中文报刊目录》，认为上海的《小孩月报》是由广州的同名刊物迁来的。①巧的是，福建和广州的《小孩月报》的创刊时间相同，都是 1874 年 2 月。这三者的关系到底如何，因资料有限，本书不予深究。上海出版的《小孩月报》于光绪元年四月初一日，也就是 1875 年 5 月 5 日在上海创刊。下文论述的均是上海出版的《小孩月报》。《小孩月报》于 1881 年 4 月出满第 6 卷第 12 期后，同年 5 月改名为《月报》，到 1914 年 1 月又改名为《开风报》，1915 年 12 月停刊。②

《小孩月报》出版时间前后跨越 40 年，名称几经变化，其编者、出版发行者也历经变化。《小孩月报》的创办者为美国北长老会传教士范约翰（John Marshall Willoughby Farnham），最初由美华书馆印刷，清心书院发行。1876 年 10 月起改由清心书院自行印发。1881 年改为《月报》后，由鲍德温（C. C. Baldwin）和格里费司（Mrs. Griffith John）编辑，刊物上标称为“南门外画图新报馆藏版”，到 1882 年 5 月起由中国圣教书会印发，1891 年 5 月起又由美华书馆印刷，中国圣教书会发行。

在《小孩月报》的出版者中，有两个是最主要的，一个是创办者范约翰，另一个是中国圣教书会。

范约翰（John Marshall Willoughby Farnham，1829 年—1917 年），属于美国北长老会（American Presbyterian Mission，North）。该会成立于 1838 年，总部设在纽约，属长老宗。著名传教士丁韪良和李佳白都属于该会。范约翰 1860 年受派来到中国，除创办并主编《小孩月报》外，

---

① 周振鹤：《新闻史上未被发现与利用的一份重要资料——评介范约翰的〈中文报刊目录〉》，载《复旦学报（社会科学版）》，1992 年第 1 期。

② 葛伯熙：《〈小孩月报〉考证》，载《新闻研究资料》第 31 辑，北京：中国新闻出版社，1985 年，第 169—175 页。

他还做了两件较有影响的事：一是创办清心书院。1860 年正值太平天国末期，当时战火不断，到处是避难的人民。8 月太平军过境，难民再无托庇之所，难童流离失学。范约翰和另一位传教士密尔斯（Mr. Mills）决定于陆家浜开办学堂，招收贫苦华人子女，供衣食住宿，范约翰自任堂长。第二年，来学者越来越多，进而筹备女校。1865 年至 1868 年间先后建筑校舍及礼拜堂。1880 年前后学堂更名为清心书院；1908 年由于办学成绩显著，清心书院又改名为清心中学堂。商务印书馆的创办人夏瑞芳、鲍咸恩、鲍咸昌及高凤池都是清心学堂的学生。二是编写了一份《中文报刊目录》。在 1890 年 5 月召开的第二次在华新教传教士大会上，范约翰提出了一份《中文报刊目录》。这份目录记载了 1815 年—1890 年间出版的 76 种中文报刊，包括报刊的名称、主编、出版地、创刊年月、发行份数、性质（宗教或世俗）、售价、形制（装订形式）等。这份目录对研究中国近代报刊及整个近代出版史具有重要意义。①

这里的“中国圣教书会”并不是一个全国性质的组织，其确切的名称应该是“上海中华圣教书会”。圣教书会的英文名称是“Religious Tract Society”，又译为“宗教小册子协会”。圣教书会是专门出版基督教读物的机构，印刷各种《圣经》注释与劝世文、醒世歌等类，专以开通民智化、导人心为宗旨。当时传教士在主要的传教地区都成立这样的机构，如 1876 年在汉口成立的中国圣教书会（Chinese Religious Tract Society）、1882 年在天津成立的华北圣教书会、1891 年在福州成立的闽北圣教书会等。上海的圣教书会成立于 1878 年 10 月，是成立较早的圣教书会。各地成立的圣教书会性质相同，但互不相属，各自独立。它们都是英、美两国圣教书会在中国的延伸机构，其经费主要直接来自纽约或伦敦的圣教书会。1913 年，上海、汉口两个圣教书会合并，《小孩月报》也因此再次改名为《开风报》。②

---

① 关于这份目录的评价，请参考周振鹤：《新闻史上未被发现与利用的一份重要资料——评介范约翰的〈中文报刊目录〉》，载《复旦学报（社会科学版）》，1992 年第 1 期；宁树藩：《怎样评价范约翰的〈中文报刊目录〉?》，载《复旦学报（社会科学版）》，1992 年第 5 期；周振鹤：《再谈范约翰的〈中文报刊目录〉》，载《复旦学报》（社会科学版），1992 年第 6 期。

② 关于圣教书会请参考：McIntosh，Gilbert：*The Mission Press in China*，Shanghai：American Prebyterian Mission Press，1895；何凯立著，陈建明等译：《基督教在华出版事业（1912—1949）》，成都：四川大学出版社，2004 年，第 129—145 页。

《小孩月报》虽然时间跨度长，名称、编者和出版者都几经变化，但内容却基本保持一致，这可从刊物封底的英文译名得到印证。《小孩月报》一般的英文刊名是 *The Child's Papers*，最初的则是 *The Child's Papers Undenominational Monthly*，1879 年 10 月起改为 *The Child's Papers Moral Religious, Scientific Instructive Amusing*。1881 年 5 月改为《月报》时，英文名仅用 *The Child's Papers*，后来又用 *The Monthly Herald (Formerly The Sunday School Child's Papers)*。①

传教士办刊都喜欢著文表明宗旨，范约翰也不例外。《小孩月报》出版一年后，范约翰将第 1 卷的 12 期合订重印出版。合订时在文辞上稍加修改，以便小孩阅读。这个第 1 卷合订本名为《小孩月报志异》，卷首范约翰写了一篇《小孩月报志异序》：

> 报之为类多矣，或关于国家，或关于商贾，或凭街谈巷议为奇文，或据怪状奇形为创见，或著诗词为规劝，或借文藻为铺张，而要之皆无补于童年初基也。向有《小孩月报》一则，今友人嘱余续成此报。余以童年初基，首在器识，文艺次之，故以二者兼而行之，颜曰：《小孩月报志异》，俾童子观之，一可渐悟天道，二可推广见闻，三可辟其灵机，四可长其文学。即成童见之，亦非无补。凡我圣经义塾诸生，如有新奇见解，合于圣道，足以启发童蒙者，亦可按月邮寄沪地小南门外清心书院内范约翰处登报，以公同好可也。②

可见《小孩月报》的宗旨就是对儿童在“器识”、“文艺”方面进行培养。因此《小孩月报》的很多篇幅注重于文化科学知识的传授，竭力将当时较为先进的西方文明以生动、简易的形式灌输给少年读者，类别甚多。如“天文易知”栏目中，连载有《略论地球》、《论日蚀月蚀》、《潮夕》、《论彗星流星陨石》等；“游历笔记”栏目中，刊有《紫禁城》、《上海》、《日本长崎》、《亚拉拍骆驼》、《氢气球》、《美利坚国》等。还刊有一些工艺过程图解，如《茶叶》篇（刊于第 17 期），分“采茶图”、“锅中烹熟”、“炉中焙燥”、“筐中筛过”等程序，有文有图，文图配称，

① 葛伯熙：《〈小孩月报〉考证》，载《新闻研究资料》第 31 辑，北京：中国新闻出版社，1985 年，第 171 页。

② 转引自葛伯熙：《〈小孩月报〉考证》，载《新闻研究资料》第 31 辑，北京：中国新闻出版社，1985 年，第 174 页。

十分生动鲜明，很容易就能让少年儿童了解制茶的过程。《小孩月报》还刊有大量的西洋儿童文学的翻译作品，刊载最多的是短小精悍的寓言，如伊索、莱辛等名家的作品。每期中发一至数则寓言不等，曾刊有《狮熊争食》、《鼠蛙相争》、《蚕蛾寓言》、《小鱼之喻》、《农人救蛇》、《狐鹤赴宴》、《狗的影》、《狮鼠寓言》、《蛙牛寓言》、《鸦狐》等。举其中的《鸦狐》一篇，就知其译作的文笔。如：

老鸦的声音，本不甚好听，有一日他嘴里衔着一块吃食，树上蹲着；那时有一只饿狐望见了，想骗他的吃食，说道："久慕先生妙音，请教一曲，望勿推却。"老鸦信以为真，喜欢得很，张口就唱，不防嘴里的吃食，掉在地上，饿狐顺便拿了去说："以后有爱听你曲子的，切不可相信，他必有缘故在内，凡系甜言蜜语的话，都是骗人的。"①

这些寓言，对于今天的孩子来讲都十分熟知了。但是，在 100 多年以前对于只念过"子曰诗云"、为封建教育所禁锢的儿童来说，的确是十分清新活泼又寓意新颖的文学滋养。1878 年 12 月 17 日的《申报》上，刊载着一篇《阅〈小孩月报〉记事》的文章，其中一段就反映了读者当时的感觉：

沪上有西国范牧师创设《小孩月报》，记古今奇闻轶事，皆以劝善为本，而其文理甚浅，凡稍识之者皆能入于目而会于心，且其中有字义所不能达之外，则更绘精细各图以明之，尤为小孩所喜悦，诚启蒙之第一报也。按该报开行有年，近更日新而月盛，说理愈精，销场愈广，固其所也，本馆按月取阅，欢喜赞叹不能已，爰赘数语以质诸月观该报者。②

《小孩月报》的出版形式也是不断变化的。最初的大小相当于现在的 32 开本，用连史纸印刷，封面用黄纸，线装。1891 年 5 月改名为《月报》后，开本变大，相当于现在的 24 开本，封面则改用进口的上等彩色纸。到《开风报》时，开本又改回为 32 开本。

《小孩月报》是中国最早有图画的期刊。《小孩月报》的插图采用西洋的透视法与明暗法，大都形象凸现，黑白分明，轮廓清朗，有立体感，

① 胡从经：《晚清儿童文学钩沉》，上海：少年儿童出版社，1982 年，第 43 页。
② 《申报》1878 年 12 月 17 日。

比晚清滥印的木版书中眉目不清的模式化“绣像”更富有吸引力。所附插图均为黄杨雕刻，铜版尤精美；但多为外国使用过的铜版，画的都是外国人，与文字内容不吻合。1907 年秋，改聘柴连复为主笔，改由中国人画插图，并减少图画篇幅，但画面简陋，所画洋人却穿着中国长袍。画虽简陋，但图文并茂的版面，毕竟深受小读者的喜爱，这对于开启孩童心智是最有效的出版手段。

《小孩月报》还有一份“姐妹刊”——《花图新报》。《花图新报》同为范约翰所创办，只是晚出 5 年，创刊于 1880 年 5 月。该刊出版一年后就改名为《画图新报》，到 1913 年出完第 34 卷后停刊。1914 年改名《新民报》，该刊出版到 1921 年后停刊。《花图新报》(《画图新报》) 不仅在编者、出版者上与《小孩月报》相同，在内容上与《小孩月报》也基本一致，是名符其实的“姐妹刊”。①

第四节　《万国公报》与广学会

一、《万国公报》的前身：《中国教会新报》

1868 年 9 月 5 日，一份新的传教士刊物在上海创刊，这就是《中国教会新报》(*The News of Churches*)。与以往传教士办的连续出版物不一样，创办该刊的初衷是为传教士服务的。林乐知在创刊号上说明了这一点：

> 新闻一事，外国通行有年，如士农工商四等之人皆有新报，教会也有新报。……在中国之传教牧师先生，久有十八省之外国新闻纸，月月流通，年年不断，多得备益。何独中国牧师先生未得举行其事？兹特欲创其事，俾中国十八省教会中人，同气连枝，共相亲爱，每礼拜发给新闻一次，使共见共识，虽隔万里之远，如在咫尺之间……况教外人亦可看此新报，见其真据，必肯相信进教。②

鸦片战争之后，清政府被迫允许传教士进入中国传教。刚开始对传

① 史和主编：《中国近代报刊名录》，福州：福建人民出版社，1991 年，第 261 页。

② 《中国教会新报》1868 年 9 月 5 日号。

教士开放的还只是几个通商口岸，第二次鸦片战争之后，传教士被允许进入内地。到 1868 年的时候，几乎所有的省份都有了传教士的足迹，中国的教徒人数也增加至 5 千多人。[①] 基于这样一种背景，林乐知认为，为了联系教会教友，为了教务发展的需要，需要办一份教会教友“自己的刊物”。

显然，林乐知创办《中国教会新报》的目的主要是“为教内人服务”。“教外人”看此报后可能引起的“相信进教”效果只是一种补充预期，并不是最初的目的，所以林乐知在谈到这一点时用了一个“况”字。按照这样的设想，《中国教会新报》应该是一份为宗教人士服务的新闻性刊物，这样的刊物不一定就是一种“宗教性刊物”，更准确地说它是一种为特定人群服务的“专业性刊物”。但从《中国教会新报》的实际内容来看，它并没有办成一份为教内人服务的专业性刊物。

《中国教会新报》一开始就是一份综合性的刊物，其内容大致分为“教务”、“科学”、“时论”、“消息”和“杂录”等。在《中国教会新报》的初期，“教务”内容所占比例较重，从第 2 年开始，“教务”内容所占比例就逐年减少，非宗教性内容逐渐增多。《中国教会新报》内容分类统计见表 5-2。[②]

表 5-2　《中国教会新报》内容分类所占比例统计

	宗教	世俗消息	科技	其他
第 1 年	48%	26%	22%	4%
第 2 年	36%	36%	9%	19%
第 3 年	18%	68%	14%	
后 3 年平均	18%	53%	17%	12%
6 年平均	28%	45%	15%	12%

《中国教会新报》的内容特色与主办者的办刊初衷不太一致，是因为在办刊的过程中林乐知对办刊思路作了及时的调整。当初林乐知想办一

① 梁元生：《林乐知在华事业与〈万国公报〉》，香港：香港中文大学出版社，1978 年，第 73 页。

② Britton，Roswell S.：*The Chinese Preiodical Press，1800—1912*，Shanghai，1933：52.

份为教友服务的刊物，显然他对于中国教友对该刊态度的预期太过于乐观。刊物最初两期仅在上海售出100余份①，这使“满望中国各处教友出力相助”的林乐知深感沮丧，他不得不承认：“岂料中国教友……观者鲜有，售者不前。”② 为改变教友反映冷淡、刊物出售不佳的状态，林乐知一方面以降低价格、免费赠阅、举办有奖征文等方式吸引读者，另一方面就是扩充刊物内容。他在办刊过程中认识到：“今日教外之人，即异日可为教中之人”，“况教外事有理可通于教中者，事可互参，理原一贯”，因此，刊物“教外事宜多，教中事宜少”。

其实，《中国教会新报》的内容特征正好符合主编林乐知的个人经历，体现了他的传教理念。林乐知（Young John Allen，1836年—1907年）1836年1月3日出生在美国南部的佐治亚州。他从小失去双亲，靠姨父母抚养成人。1860年6月，林乐知受美国南部监理会的派遣来到中国。到达中国不久，美国南北战争爆发，他所属的南部监理会与他失去了联系，失去了经济后盾的林乐知不得不设法自谋生路。林乐知最初以典卖教会财产维持生活，后来又从事经纪，从中国商人手中采购煤炭、粮食、棉花等商品转售给英国商人。此外，他还当过保险行的经纪人和领事馆的翻译。林乐知的这种不安定生活直到1864年才开始改善，这一年，他在上海广方言馆任教习一年。1867年，林乐知再次成为广方言馆的教习，并在这一职位上一直做到1883年。其间，林乐知还参加了江南制造局的译书工作，从1868年起，林乐知还受上海字林洋行的聘请兼任《上海新报》的编辑。有了这几份长期的工作，林乐知在华生活才比较稳定。林乐知这种受聘于中国政府参加教学和译书工作的经历，对他在华各种事业的发展，乃至本身思想的形成演变，都有很大影响。由于他广泛地接触了中国的社会，而且是以从事职业的方式在中国社会生活，因此他对中国社会需求了解比较深入。特别是由于和中国士人、官吏接触较多，林乐知对于士人、官吏在中国传统社会中的地位有充分的认识。

正是基于对中国社会的广泛接触和深入了解，林乐知逐步形成了自己的传教理念。基督教传教士传教的目的原本是传播基督教义以拯救人

① 《中国教会新报》第3期，《本书馆启》。
② 《中国教会新报》第45期，《本书院主人特启》。

的灵魂。在传教士看来，个人的“灵魂得救”（salvation of the soul）才是最基本的事，至于肉体的需要、知识的灌输及社会的改革等，都是其次的工作。但从19世纪70年代以后，部分传教士由于眼见中国的贫弱，眼见因为缺乏医学知识而引起的病苦和死亡，眼见不断的天灾和兵燹，因而兴起一种“救时”之念——在一个非常的时期内，应先解决当前急迫的物质需要，而暂缓“救灵”的工作。从“救时”之念出发，一些传教士积极投身于为世俗的社会服务中去，如建立医院、兴办学校、救荒施赈等。这些“救时”工作后来更发展为对社会经济环境的关心，对文化政治问题的注重，把民生需要和社会改革放在拯救灵魂之前，形成了一种所谓的“社会福音运动”(Social-Gospel Movement)。林乐知的传教理念与“社会福音运动”基本相符，他甚至在此基础上更进一步，他把传教的目的由“个人得救” (individual salvation) 转移到“国家得救”(national salvation)，实现这一目的的最好办法，就是“由上而下”，向中国的士人、官吏传播基督教义，使他们皈依入教。[①] 正是因为如此，《中国教会新报》由最初的以教内联络和传教为主，逐渐开始关注社会民生问题，后来更从第301期开始，更名为《万国公报》。

《中国教会新报》在林乐知采取促销和改变内容的措施后，发行量有了较大的起色。第1年每期平均销售不过700份，到第2年期满时就较前一年增长1倍左右。据1872年7月《第四年期满结末一卷告白》，该刊4年的总发行量达18万份。1873年3月林乐知曾预测第5年的发行量为每期1 600至2 000份，实际上到第5年末，每期的发行数已达2 000多份。到第6年结束时，《中国教会新报》年发行量为94 300份，平均每期为1 886份。[②]

《中国教会新报》是以林乐知个人所建立的林华书院的名义出版的。此刊为周刊，初时每期只有4页，约六七千字，定价每年收洋银一元，后改为五角。《中国教会新报》由美华书馆用毛太纸印刷，大小与25开本的线装官版书相同。逢阴历年终和年初，休刊两次。全年出50期。1870年（同治九年）调整篇幅，每期由4张增加为8张。1872年8月31

① 关于林乐知的传教思想，请参见梁元生：《林乐知在华事业与〈万国公报〉》，香港：香港中文大学出版社，1978年，第16—45页。

② 关于《中国教会新报》的发行量，请参见陈绛：《林乐知与〈中国教会新报〉》，《历史研究》，1986年第4期。

日第 201 卷改名《教会新报》，册次续前。《教会新报》出到 1874 年 9 月 15 日，满 300 期后改名《万国公报》出版。

二、《万国公报》

1. 两个时期

《万国公报》分两个不同的时期：一是林乐知出版的《万国公报》(1874 年—1883 年)；一是广学会时期的《万国公报》(1889 年—1907 年)。

《中国教会新报》改名为《万国公报》，其用意是："所谓万国者，取中西互市各国商人云集中原之义；所谓公者，中西交涉事件平情论断，不怀私见之义。"① 《万国公报》在形式和内容上与《中国教会新报》都有所不同。《中国教会新报》后期有四个比较固定的栏目，分别是"教事新闻"、"中外近事近闻"、"杂事近闻"、"格致近闻"。刚开始的《万国公报》虽不分栏目，但篇目的安排也比较固定，基本上先是"大清国事"、"大美国事"、"大英国事"等各国近事，再是"宣教文章"、"教务报道"、"各地行情"等。《万国公报》最重要的变化是在卷首增加了京报全录和东南各省的辕门抄。

早期《万国公报》的形式和内容其实一直在不断地调整中。从第 431 卷开始，放在卷首的京报全录变成了京报选录。从第 451 卷开始，又增加了教务方面的文章并且列于卷首，京报选录则放到了最后。到 497 卷 (1878 年 7 月 13 日)，《万国公报》开始分栏目编排，几个栏目分别是"政事"、"教事"、"各国新闻"、"杂言"、"杂事"、"京报选录"。从第 551 卷 (1879 年 8 月 9 日) 开始，京报选录这一栏又被取消，同时杂志也改为单张印行。

这一时期的《万国公报》不断变化的主要原因主要有两个：一是在出版方针上不断调整。这主要是受到 1877 年召开的第一届在华基督教新教传教士大会的影响。在这次大会上，传教士对于要不要通过报刊向中国人传播西学知识，要不要采用"以学辅教"的办报刊方针进行了辩论。结果，反对"以学辅教"的观点占了上风，一些传教士还直接对傅兰雅办的《格致汇编》和林乐知办的《万国公报》提出了批评。二是受林乐知个人职事的影响。早期的《万国公报》主要仍然由林乐知个人支撑，

① 转引自谷长岭、俞家庆：《中国新闻事业史》，北京：中央广播电视大学出版社，1987 年，第 26 页。

编辑出版全由其个人负责。1881 年，美国监理会任命林乐知总理监理会在华事务，林乐知因为工作繁忙，不得不辞去广方言馆教习的职务。同年，林乐知又开始筹建中西书院，这又更加重了他的工作量。到 1883 年 7 月，在出至第 750 卷后，《万国公报》停刊。

1889 年 1 月 31 日（清光绪十五年正月初一），《万国公报》复刊。复刊后的《万国公报》与早期林乐知时期的相比，有很大的不同。林乐知经营的《万国公报》卷次与《中国教会新报》衔接，仍为周刊，每期 9 张（18 页）左右。复刊后的《万国公报》为月刊，册次重新编列，每期 32 张（64 页）左右。早期的《万国公报》以报道为主，复刊后的《万国公报》以评论为主，这是《万国公报》最大的变化。

复刊后《万国公报》隶属于广学会，在出版上比较稳定，一直出版到 1907 年才停刊，连续出版了 18 年，我们一般说的《万国公报》，主要是指这一期间的《万国公报》。

2. 编者与作者

《万国公报》在编辑工作上一直是由林乐知主持，但与其他传教士所办报刊不同的是，中国人在《万国公报》的编辑工作中占有一定的地位。

传教士在中国从事著述及出版活动时经常要与华人合作，傅兰雅对此曾有过详细总结：

> ……将所欲译者，西人先熟览胸中而书理已明，则与华士同译，乃以西书之义，逐句读成华语，华士以笔述之；若有难言处，则与华士斟酌何法可明；若华士有不明处，则讲明之。译后华士将稿改正润色，令合于中国文法。①

在《万国公报》的编辑出版中，这种合作更为突出。《万国公报》中有很多用两人署名的文章，如×××树义、述意、译意、述略、命意、造意、授意，×××汇编、撰文、属文、作文、笔述、手志、手书等，这样署名的文章就是由传教士与华人编辑合作的，在《万国公报》中占大部分。这些合作中以林乐知与蔡尔康的文章最多，故这种合作又被称为“林君之口，蔡君之手”。

华人编辑不仅与林乐知等西籍人士进行著述上的合作，还直接参与到

---

① 傅兰雅：《江南制造总局翻译西书事略》，载《中国近现代出版史料（近代初编）》：上海：上海书店出版社，2003 年，第 18 页。

《万国公报》的编辑之中，成为真正的编辑。这种参与主要有以下三种方式：第一，直接在《万国公报》上撰文，发表各种评论。这方面以沈毓桂的文章最多，他在《万国公报》上发表了49篇论说文章，提出了“中体西用”的文化观。第二，选用国人文章在《万国公报》上发表。《万国公报》上发表了王韬的23篇文章[①]，其中大部分都选自王韬的《韬园文录外编》。《万国公报》还于1894年的10月、11月两期上发表了孙中山的《上李傅相书》。这些文章的发表说明华人编辑有了一定的用稿权。第三，对发表在《万国公报》上的文章进行润色、注释和评价。这些注释和评价实际上是代表《万国公报》的编辑部发表的评论，反映的是《万国公报》的观点。

《万国公报》的华人编辑主要有4人，他们是沈毓桂、蔡尔康、任迁旭、范韦。沈毓桂（1807年—1907年），江苏吴江人。在为《万国公报》服务之前，沈毓桂曾与麦都思和艾约瑟合作翻译西书，1872年他就进入《万国公报》，一直做到1883年《万国公报》停刊。1889年《万国公报》复刊后他又任编辑，直到1894年。沈毓桂前后在《万国公报》任编辑长达18年，是《万国公报》最早的、也是任职时间最长的华人编辑。蔡尔康（1858年—?），上海人，1894年由沈毓桂和李提摩太推荐为《万国公报》的编辑。在此之前，蔡尔康曾“出佐申报三年，继主沪报八年，续创新闻纸五月”[②]，一直从事新闻工作。他是与传教士合作发表文章最多的华人编辑，尤其是与林乐知的合作非常圆满。林乐知对此曾有评论：“余之舌，子之笔，将如形之如影，水之如气，融美华于一冶。”[③] 这些华人编辑本身既负才名，因为编辑《万国公报》，更成为一时名人。因为他们的文章经常在《万国公报》上见面，而且沈毓桂等又经常代表《万国公报》对文章进行评价，他们有时也以“主笔”、“主报务”自称，因此有人甚至认为这些华人编辑才是《万国公报》真正的主笔。[④]这又显然过高

① 王林：《西学与变法——〈万国公报〉研究》，济南：齐鲁书社，2004年，第278页。

② 蔡尔康：《〈万国公报〉百卷庆成记》，《万国公报》第100册（1897年5月），台湾华文书局影印本第27本，第16 846页。

③ 蔡尔康：《送林荣章先生暂归美国序》，《万国公报》第109册（1898年2月），台湾华文书局影印本第28本，第17 475页。

④ 于醒民：《〈万国公报〉的主笔是林乐知吗?》，《华东师范大学学报》，1985年第1期。

地估计了华人编辑在《万国公报》中的地位和作用。

《万国公报》的作者也有与其他传教士报刊不一样的地方。除编辑者外，《万国公报》尚有大量的来稿作者，这些来稿作者中既有传教士，也有华人。《万国公报》在第633卷（1881年4月2日）上刊登了一则《本馆小启》：

> 本馆创设《万国公报》迄今十有三年矣，兹蒙西国诸名士允寄大稿，如北京艾约瑟、德贞，山东韦廉臣、狄考文，山西李提摩太，汉埠杨格非，广东花之安，上海慕维廉、潘慎文及本馆主，各分题目，潜心著作，一俟汇齐，按期分刊于报，以冀广传于天下。①

这些为《万国公报》供稿的传教士散居各地，来稿既有宗教色彩浓厚的宣教文章，也有介绍西学的，还有大力鼓吹变法的。这些文章篇幅长、分量重，发表后都产生了较大的影响。如花之安的《自西徂东》，共刊载48期，艾约瑟的《富国养民策》共刊载43期，李佳白的《列国政治异同考》共刊载21期。这些文章经《万国公报》连载发表后大多又由广学会结集出版。《万国公报》凝聚了当时主要的传教士作者，基本上成为一个反映传教士观点的舆论中心。

《万国公报》的来稿作者中还有很大一部分是华人作者。华人作者在《万国公报》上发表文章有三种形式，分别为投稿、参加征文和编辑选用。《万国公报》的华人作者在数量上可能超过西方人士，有学者估计超过500人。② 晚清中国政治、外交、思想界的知名人士如郭嵩焘、王韬、郑观应、孙中山、曾纪泽、薛福成、康有为等，都在《万国公报》上发表过文章。华人作者不仅数量多、地位高，而且范围也广，从署名看，作者来自国内50多个地方。华人作者文章的内容以时事、教育、科技为主，与宗教有关的不多。在华人作者发表的论说文中，前者占了57.5%，后者只占10.5%。③《万国公报》吸引大批华人作者，这在传教士报刊是极为少见的。

3. 发行与读者

在林乐知经营期间，《万国公报》的发行并没有多大改进，销量不

---

① 《万国公报》第633卷（1881年4月2日），台湾华文书局影印本第13本。

② 熊月之：《西学东渐与晚清社会》，上海：上海人民出版社，1994年，第415页。

③ 王林：《西学与变法——〈万国公报〉研究》，济南：齐鲁书社，2004年，第41页。

多。复刊后的《万国公报》是广学会出版刊物，其发售纳入广学会的售书系统之中，主要有零售、赠送、代销三种形式。在复刊后的最初几年，《万国公报》的发行量仍然只有1 000本左右，而且赠阅数较多。甲午战争之后，《万国公报》的发行量大增，到1896年，每月“几盈四千本”①，1897年，每月“几盈五千本”②，以后几年的发行量也大体维持在这个水平：1898年全年为38 400本，1899年全年为39 200本，1900年为36 200本。③

对于《万国公报》的发行量，一些颇有影响的著作中一直存在一个模糊的说法或错误的估计。顾长声的《传教士与近代中国》说：“《万国公报》起初只印一千份……到一八九八年维新运动高涨时激增至三万八千四百份。”④ 熊月之的《西学东渐与晚清社会》也认为：“《万国公报》开始印数为1 000份，以后随着影响的扩大，印数不断增加……1898年最多，达38 400份，为当时各刊物之首。”⑤ 较晚出版的《中国新闻事业通史》仍然持这一说：“1898年维新变法运动的高峰时期，《万国公报》的发行量达3.8万份，创造了传教士在华所办报刊的最高发行记录。”⑥ 这些说法主要是没有把“发行量”这个概念说清楚。一本杂志的发行量一般是指其月销量，更准确地说是指其每期的销量，这里列举的几种著作把《万国公报》的月销量和年销量不加区别地混在一起说，客观上给《万国公报》的发行量带来了不准确的结论。

广学会对其出版物的读者有一个明确的目标定位。《同文书会年报(第四号)》附录了李提摩太《我们工作的必要与范围》一文，他提出要

---

① 《万国公报》第92册（1896年9月），台湾华文书局影印本第26本，第16 324页。

② 《万国公报》第97册（1897年2月），台湾华文书局影印本第26本，第16 700页。

③ 以上数据分别见《广学会年报（第十一次）》（1898年12月22日）、《出版史料》总第27期，第48页；《广学会年报（第十二次）》，《出版史料》总第28期，第105页；《广学会年报（第十三次）》（1900年9月30日），《出版史料》总第30期，第74页。

④ 顾长声：《传教士与近代中国》，上海：上海人民出版社，1981年，第161页。

⑤ 熊月之：《西学东渐与晚清社会》，上海：上海人民出版社，1994年，第416页。

⑥ 方汉奇主编：《中国新闻事业通史（第1卷）》，北京：中国人民大学出版社，1996年第1版，2000年第2次印刷，第354页。

影响的对象范围是："主要官吏连带高级考试官员，教育方面的府视学，大学堂教习和比例小的一部分文人，还有他们家里的妇女儿童。"李提摩太推算这些人共有 44 036 人。[①]以后每年的年报中都有关于《万国公报》读者的举例，说明《万国公报》的确在他们所设想的目标范围内受到欢迎。[②] 其实，我们从《万国公报》的大量华人作者就可以知道其在中国拥有了广泛的读者，而且这些读者的确如其主办者所愿，主要是以关心时事的知识分子为主。

《万国公报》在发行和读者方面所取得的成绩是以往传教士报刊所不曾有过的。在 1877 年的传教士大会上，一位来自杭州的传教士说："作为傅兰雅先生和范约翰先生的报刊（分别指《格致汇编》和《小孩月报》）的代理人，我每月只能售出 40 份至 50 份的《小孩月报》，我知道只有一人是定期购买的。确实，出售《格致汇编》是十分困难的，就是按 50 个铜钱的老价格出售时也是如此，更何况现在的价格增加了一倍，其销售工作将会更为困难。林乐知先生的报刊，据我所知，几乎都是由教徒购买的，或者至少在杭州没有异教徒的订阅者。"[③]《万国公报》不仅有了众多的异教徒订阅者，而且有的还连续订阅 10 年以上。《万国公报》第 619 卷有一位北京读者在来稿中说："余自同治五年买看《教会新报》起，以后接看《万国公报》，至今十余年矣。"[④]

三、广学会

1. 成立与名称沿变

广学会来源于韦廉臣（Dr. Alexander Williamson）创办的同文书会。1877 年，全体在华新教传教士第一届大会在上海召开，大会成立了一个被称为"益智书会"的委员会（School and Text Book Series

---

① 《同文书会年报（第四号）》，《出版史料》，1988 年第 3、4 期合刊，第 63 页。

② 王林：《西学与变法——〈万国公报〉研究》，济南：齐鲁书社，2004 年，第 45—50 页。

③ Yates，M. T.：*Records of the General Conference of the Protestant Missionaries of China*，Held at Shanghai，May 10—24，1877，Shanghai：American Presbyterian Mission Press，1878：236.

④ 王林：《西学与变法——〈万国公报〉研究》，济南：齐鲁书社，2004 年，第 49 页。

Committee)，其职责是为教会学校准备课本。韦廉臣是益智书会的干事。韦廉臣（Alexander Williamson，1829 年—1890 年）出生在苏格兰 Falkirk，他是七兄弟中的长子，毕业于格拉斯哥大学。1855 年，韦廉臣被伦敦布道会派来中国，在上海传教，两年后回国。1863 年韦廉臣被英国苏格兰圣公会派到烟台传教，1869 年回国。1871 年，韦廉臣由于关于中国的作品，被格拉斯哥大学授予法学博士头衔。1871 年到 1883 年间他回到烟台苏格兰圣经会，1874 年他又同时加入苏格兰长老会。1883 年他因为身体健康原因回到苏格兰。1886 年，韦廉臣第三次到中国，住在上海。四年以后（1890 年），韦廉臣在山东烟台去世，享年 61 岁。1884 年，韦廉臣在苏格兰的格拉斯哥组建了一个机构，其英文名称是"the Chinese Book and Tract Society"，中文名称为同文书会。"该会是中国益智书会的后援机构。"[①]后来益智书会的一些成员发现其自身的工作有较大的局限性，很难满足正在迅速变化的中国社会的需求。于是韦廉臣联合一些人于 1887 年在上海组建了一个新机构，中文名称为同文书会，其英文名称是"The Society for the Diffusion of Christian and General Knowledge Among the Chinese"。照字面翻译应该是"在中国人当中广传基督教及一般知识的会社"。苏格兰的格拉斯哥同文书会又成为中国同文书会的后援机构。

同文书会何时改称为广学会？几乎所有涉及广学会的论著对此都有所阐述，但观点未能一致。顾长声在《传教士与近代中国》一书中认为同文书会 1894 年改称广学会。[②] 王树槐在《清季的广学会》中说："光绪二十年（1894 年），该会之中文名称改为广学会。"[③] 李志刚在《广学会之发展与中国时局转变之关系》一文中，也认定同文书会改称广学会的时间是 1894 年。[④] 但另有学者认为同文书会改称广学会的时间是 1892 年。曾任广学会总干事的江文汉就认为：究竟什么时候从"同文书会"

---

① 何凯立著，陈建明、王再兴译：《基督教在华出版事业（1912—1949）》，成都：四川大学出版社，2004 年，第 74 页。

② 顾长声：《传教士与近代中国》，上海：上海人民出版社，1981 年，第 156 页。

③ 王树槐：《清季的广学会》，载台湾近代史研究所《近代史研究所集刊》第 4 辑（上），台北：1974 年，第 194 页。

④ 李志刚：《近代中国基督教文化掠影》，北京：今日中国出版社，1997 年，第 151 页。

改称“广学会”，现在很难断定，有据可查的，大概是从1892年，就已开始采用“广学会”这个名称了。[①] 梁元生也认为同文书会改称广学会的时间是在1892年。[②]

上述几位学者在谈到这一问题时虽然结论不尽一致，但有一点却是非常一致：只有结论，没有深入论述。《广学会五十周年纪念短讯》第一期中有一段内容涉及这一问题，稍有论述，值得注意：

> 本会创立时，英文名称为“The Society for the Diffusion of Christian and General Knowledge Among the Chinese”（S. D. C. G. K.），而中文名称则为“同文书会”。一八九二年格拉斯哥“同文书会”更名为“The Christian Literature Society for China”。至一九〇六年一月十九日，本会亦议决采用新名焉。至本会中文名称之沿革……系于一八九四年，由“同文书会”改称“广学会”，然李提摩太博士一八九二年所撰文中（载于《万国公报》），以及一八九三年本会第五届中文报告中（载于《万国公报》）已用“广学会”之名称，故难断言本会中文名称之更改究竟自何时始。

这段话虽然不长，但给了我们重要提示。通过它的提示，关于这一问题我们可以得出以下结论：第一，作为母会的格拉斯哥同文书会于1892年英文名称更名为“The Christian Literature Society for China”。这一变化可能引起中国同文书会的名称相应地有所变化。也正是从这一年起，“广学会”这一名称开始使用。第二，可以在《万国公报》上寻找“广学会”名称的使用情况。翻阅1892年的《万国公报》，发现“广学会”一词有相当多的而且是非常正式的使用。如“广学会序”、“分设广学会章程”、“广学会启”、“广学会问答”、“设广学会以期中国富强说”等。[③]第三，究竟“同文书会”何时更称为“广学会”的确难以断定，但可以肯定的是，从1892年起，“同文书会”、“广学会”这两个名称可能是相互通用的，从1894年起，“同文书会”正式改称为“广学会”，其英文名称则是从1906年起正式更名为“The Christian Literature

---

① 江文汉：《广学会是怎样的一个机构》（上），《出版史料》总第12期，1988年第2期。

② 梁元生：《林乐知在华事业与〈万国公报〉》，香港：香港中文大学出版社，1978年，第156页。

③ 分别见《万国公报》1892年2月、5月、6月、7月、9月。

Society for China"①。

2. 广学会的宗旨

广学会的宗旨在它的名称中就已经明确表明了。其英文名称是“The Society for the Diffusion of Christian and General Knowledge Among the Chinese”，照字面翻译应该是“在中国人当中广传基督教及一般知识的会社”。“在中国人当中广传基督教及一般知识”就是广学会的宗旨，“广学会”作为这一机构的中文名称，翻译得既简明又准确：推广（基督教及其他一般）学识。

怎样在中国人当中推广基督教及一般知识呢？广学会在其章程中回答了这个问题。同文书会组织章程第二条专门就该会宗旨作了规定：

> 本会宗旨分为两方面：（1）接受原创始人（中国书刊协会——指苏格兰的格拉斯哥同文书会，the Chinese Book and Tract Society）作为一种自愿赠与所慷慨提供的印刷设备和其他财产；（2）在中国、中国藩属以及一切有中国人的地方，继续出版和发行根据基督教原则编写的各种书籍——特别是为本会能力所许可而又适合于各个阶层阅读的期刊。②

这里对广学会的宗旨作了两方面的规定，表面上看有些令人费解。就宗旨来说其实就是一个方面，也就是第二方面。这里第一方面是表明该会与苏格兰同文书会的关系，并且通过这种正式的宣称表明该会的宗旨与苏格兰同文书会的宗旨是一致的。1896 年，广学会年报（第九次）刊登了修改后的《广学会章程》，章程作了较大修改，但仍然在第二条对宗旨作了规定，内容与上引的宗旨第二方面完全相同③。

广学会除在其章程中对宗旨有明确规定外，还多次在其年度报告中对其宗旨进行了论述。同文书会第七年年报（1894 年）专门有一部分以“我们的宗旨”为题：

> 我们的目的是教导中国的上层人士和知识阶层的男女人士，让他们知道中国的贫困可以被拯救，人类四分之一的人可以得到新生。

① 广学会一直延续到 20 世纪 50 年代，本书所说的广学会，只指 1911 年以前的广学会。

② 《出版史料》总第 12 期，第 31 页。

③ 《出版史料》总第 21 期，第 52 页。

为取代最终将使个人和国家都将毁灭的自私，我们要把基督的爱和慈悲普施于一切人。……为了实行这个宗旨，我们认为应利用中国政府和知识界中的领袖人物来发展我们的工作。①

《广学会年报》(第十次) 也有“我们的宗旨”一节:

……帮助中国人认识现在的形势；对处于转变的困境中的他们给予帮助；在他们寻找真正的文明、科学、自由和正义的道路上给以指导。②

《广学会年报》(第十一次) (1898 年 12 月 22 日) 也有同样形式的论述:

为了能接触达官贵人，我们成立至今已十一年了，他们都是一些有学问的人和身居高位的人，是上帝把人类四分之一的人的幸福交给他们管理的。我们就是为这些领袖们出版和发行有关物质的、社会的和知识的有用学识，但是最主要的还是传播有关提高民族精神和道德方面的知识……③

广学会年报中关于“我们的宗旨”的反复论述其实就是要回答“为什么要在中国人当中推广基督教及一般知识”这一问题。这些论述既表明了其最终目的，也表明了广学会为实现这一目的所采取的策略：走上层路线。

广学会将其发送书刊、推广学识的目标定位于上层，主要有三个方面的原因：其一，与李提摩太及其他传教士的个人经历有关。李提摩太在中国期间接触了大量的中国高级官员，并且与他们建立了较好的个人关系。当时的清朝重臣李鸿章、孙家鼐等都与他熟识。广学会的另一位重要人物林乐知也是长期受聘于中国政府，林乐知因此接触了大量的上层官员和知识分子。其二，基于传教士对中国社会的观察和了解。传教士普遍发现，知识分子在中国社会受到广泛尊重，地方官员和知识分子领袖在一定程度上实际主宰了中国社会。其三，基于传教士的国际经验。同文书会第七年年报 (1894 年) 对此有专门说明:

对领袖人物施加影响的重要性，使我们不但记住感化北欧的先

① 《出版史料》总第 17、18 合期，第 75 页。
② 《出版史料》总第 24 期，第 77 页。
③ 《出版史料》总第 27 期，第 44 页。

例，北欧就是首先影响了其领袖人物符拉基米尔、鲁尔道夫、查理曼、亚尔弗烈大帝和其他领袖而得救的。同时，也记住了近代教会在太平洋、马达加斯加、南非洲和其他地方所进行的工作，这些地方也都是通过领袖人物的。①

广学会对这些中国的领袖人物的数量有一个基本概念，就是“……民政方面市长以上的官员是 2 289 人，同样等级的有声望的官员有 2 000 人，县以上的考官有 1 760 人，教授有 2 000 人，总共是 8 049 人”。② 李提摩太 1899 年 3 月 30 日给英国驻上海总领事白利兰（Byron Brenan）的信中说：“英国有必要更多地控制主要的大学、主要的报纸、主要的杂志和一般的新读物。通过控制这些东西和控制中国的宗教领袖，我们就控制了这个国家的头和背脊骨。”③ 李提摩太要求英国政府做的，也正是广学会一直努力在做的工作，是广学会一直努力的目标。

3. 广学会的性质

广学会的性质要从其组织机构和实际运作来看。

组织机构：会员及董事会

最初的会章规定，凡订阅《万国公报》者，以自动入会论，视为会员。申请加入者，则须经董事会通过。光绪二十二年（1896 年），会员资格条件修改为须经两人介绍，经董事会通过，《万国公报》订阅者的自动会员资格取消。这一规定一直持续了 20 年。到 1916 年，广学会章程对会员资格又作了修改：凡捐款 5 元以上者，经由董事会通过，可成为会员；一次捐款 50 元者，通过后可成为永久会员。

实际上广学会在 1896 年之前没有严格的会员制度，因此这之前也就没有会员录之类的文件记载。从 1896 年起，开始实行经人介绍并由董事会通过的会员资格制度，才开始有了会员录。王树槐先生根据广学会早期的相关资料，整理了一份广学会历年（清代）人数表。④根据王先生的研究，1888 年到 1895 年间，会员人数在 30 人左右；1896 年到 1901 年

---

① 《出版史料》总第 17、18 合期，第 75 页。

② 《出版史料》总第 17、18 合期，第 75 页。

③ 江文汉：《广学会是怎样的一个机构》（上），《出版史料》总第 12 期，第 34 页。

④ 王树槐：《清季的广学会》，载台湾近代史研究所《近代史研究所集刊》第 4 辑（上），台北：1974 年，第 196 页。

间，会员人数在50～100人之间；1902年—1910年间，会员人数超过100人。会员人数最多的是1905年，为254人。这254个中，有7人是中国会员，其余247人的结构分布如表5-3所示。①

表5-3　247名外籍会员的结构分布

传教士	144人	占58.3%
传教士以外的文教工作者	69人	占27.94%
外交人员	14人	占5.67%
税务人员	9人	占3.64%
商人	5人	占2.02%
其他	6人	占2.43%

广学会每年召开一次年会，会员有参加年会的义务。年会的主要任务之一是选举董事和董事会。董事会由正副会长（President and Vice President）、督办（总干事）（Secretary）、司库（Trustees）及会办（Executive Committee）等组成。董事会可决定新会员，可召集年会及临时会议，可设立分会，可派专人负责某项事务，可决定有益于该会之一切工作事项。② 广学会在清代时期的24年中，英国人赫德③任会长达21年之久，但他从未出席过年会。

广学会会务的实际负责人为督办，又称总干事。最初的三年，广学会的总干事由韦廉臣担任，1891年韦廉臣去世后由慕维廉代理了一年，从第五年开始总干事一职由李提摩太担任。他于1891年10月正式上任，一直到1916年才卸任，长达25年。李提摩太是广学会任职最久、也是最

① 叶再生：《广学会初探》，载《出版史研究》（第四辑），北京：中国书籍出版社，1996年，第106页。

② 王树槐：《清季的广学会》，载台湾近代史研究所《近代史研究所集刊》第4辑（上），台北：1974年，第198页。

③ 赫德（Hart Robert，1835年—1911年），北爱尔兰人。他于1854年来华，先后在英国驻宁波和广州领事馆担任翻译和助理。于1859年起任粤海关副税务司，于1861年起，代理总税务司职务，1863年11月任海关总税务司。赫德在中国长期担任海关总税务司，被清廷视为客卿。他深受清政府信任，以至封疆大吏如总督的任命，有时也要咨询和采纳他的意见。赫德1911年9月20日卒于英国。清王朝追授他为太子太保。

有名的总干事。李提摩太（Timothy Richard，1845 年—1919 年）是英国人，1870 年 2 月到达中国，1916 年 5 月最后一次离开中国，在中国从事传教工作达 46 年之久（其间李提摩太曾于 1884 年底—1886 年秋和 1896 年春—1897 年秋两次回英国休假）。其在中国的活动可以大致分为两个阶段：1870 年—1886 年，主要是在华北传教，1892 年—1916 年，主持广学会的工作。1886 年—1892 年这 6 年间，李提摩太因为与其他传教士及英国差会部（浸礼会对外传教会）关系不和等原因，他的活动以旅行考察为主。

实际运作：从经费的角度

广学会是一个社团机构（society），实行会员制，管理上实行董事会制，这是一般社会团体最规范的组织结构。社团的另外一个规范之处是经费实行募捐，广学会的经费主要也是来自各种募捐。广学会所接收的捐款大致分为三类：一为私人捐款。私人捐款又分为普通捐和特别捐。普通捐是私人捐赠或订阅报刊的费用，单笔款项不大，但数量多；特别捐是私人捐赠的数额较大的款项。二为各类教会机构捐款，三为其他机构捐款。广学会 1888 年—1911 年间所收各类捐款如表 5-4 所示。[①]

表 5-4　1888 年—1911 年广学会所收各类捐款　　（单位：元）

分类	私人捐款		教会机构捐款					其他	合计
	普通捐	特别捐	格拉斯哥	伦敦	浸信会	布道会	美国教会	阿灵顿基金会	
金额	44 118	62 671	90 270	54 494	16 031	18 913	5 121	35 732	327 350
比例（%）	13.48	19.14	27.58	16.65	4.9	5.78	1.56	10.91	100
分类比例（%）	32.62		56.47					10.91	100

表 5-4 中所列的“格拉斯哥”，包括格拉斯哥的基督教文献社（Christian Literature Society）及妇女分社（Ladies Branch）；“伦敦”指伦敦基督教文献社及宗教小册子协会；“美国教会”则包括了至少 6 个美

① 根据王树槐提供的数据整理而成。见王树槐：《清季的广学会》，载台湾近代史研究所《近代史研究所集刊》第 4 辑（上），台北：1974 年，第 204 页。

国的教会团体。其实，阿灵顿基金会的捐款也是分别由浸信会和布道会代为申请。从表5-4中数据可以得出至少四点结论：第一，教会是主要的捐款渠道来源。各种教会机构的直接捐款占56.47%，加上通过教会申请的基金，所占比例高达67.38%，超过三分之二。第二，捐款最多的是格拉斯哥的教会机构，所占比例为27.58%，几乎占全部教会机构捐款的一半，说明格拉斯哥对与之有渊源关系的广学会特别支持。第三，英国的捐款占了绝大部分。私人捐款中没有详细的数据说明各国人捐款的比例，仅从机构捐款来看，来自美国教会团体的捐款只占1.56%。第四，捐款收入总额达327 350元，远超过中国教育会。

仅从收入来讲，广学会1888年—1911年间除捐款收入外还有出售书刊收入为334 431元、其他收入为73 769元，加上捐款收入，广学会1888年—1911年间的总收入为735 550元。

广学会同期的支出情况如表5-5所示。①

表5-5　1888年—1911年间广学会支出情况　　（单位：元）

项目	薪金	印刷费	购书费	其他	合计
金额	140 211	266 038	92 850	215 466	714 565
百分比（%）	19.62	37.23	12.99	30.16	100

表5-5中的薪金主要是指中国助手的薪水，还包括翻译费、稿费、版税等。印刷费是广学会出版书刊的印刷费用；购书费则指购买书籍用于出售的费用；其他主要是指办公差旅费。上述支出中，薪金其实也是出版成本，只不过是用于支付给个人的出版成本，因此从支出项目来说，广学会的支出实际可以归并为两项，即出售书刊费用和办公费用。从经费开支可以得出结论：出售书刊是广学会最主要的工作，也是唯一的工作。

关于广学会的性质，我们可以从组织机构和经费收支情况入手梳理出以下几点结论。

第一，广学会是一个包括各种职业的在华外国人团体，并不是一个纯粹的宗教机构或教会团体。从会员来看，以1905年为例，传教士以外

① 王树槐：《清季的广学会》，载台湾近代史研究所《近代史研究所集刊》第4辑（上），台北：1974年，第204页。

的各种人士占了41.7%。从董事会成员来看，以第一届董事会为例，其成员结构如表5-6所示。①

表5-6　1905年广学会第一届董事会成员结构

类别	外交官	税务官	商人	专业人士	传教士	合计
人数	3	8	16	5	7	39
百分比（%）	7.5	20	40	12.5	17.5	100

表5-6中的税务官是指中国海关总税务司的外国人，他们与外交官一起应算作政治家，共11人，占27.5%。专业人士包括医生、律师各1人，外报编辑1人，同文馆教习2人。传教士以外的各界人士在第一届董事会中所占比例高达82.5%。

第二，广学会是一个很有影响、得到广泛支持的团体。广学会董事会成员均是各界的领袖人物。如长期挂名会长的赫德，一直被清政府所倚重，执掌中国海关20多年，是在华外国人中声望卓著者。赫德及其7名属下税务司官员一起出任广学会董事会成员，表明他们对广学会的充分重视和支持。商人在广学会董事会中占有重要地位，这些商人所在的公司都是当时财雄势大的机构，如汇丰银行、怡和洋行、旗昌洋行等，这些商人及他们所代表的机构在当时具有广泛的社会影响。董事会中的传教士也是著名的教会领袖，他们既是宗教活动家，也是社会活动家；既是一时名流，也是各自教会的实际负责人，如慕维廉是伦敦布道会的首脑、林乐知是美国监理会的会长、范明德是内地会的副会长、韦廉臣则是长老会的会长。广学会所得捐款之多本身也是其影响力的最好说明。广学会所得捐款中，有一部分来自中国官绅。在1888年—1911年间，中国官绅对广学会的捐款不断。如1894年，湖广总督张之洞捐1 000元，招商局郑观应捐款40元。1902年，张之洞又捐款3 000元，山西巡抚岑春煊、安徽巡抚聂缉规各捐款1 000元，另外，山东巡抚周馥、江西巡抚李兴锐、两江总督刘坤一等当年都有捐款。广学会共得来自中国人的捐款9 070元②，说明广学会在中国

① 根据梁元生提供的资料整理，见梁元生：《林乐知在华事业与〈万国公报〉》，香港：香港中文大学出版社，1978年，第93页。

② 王树槐：《清季的广学会》，载台湾近代史研究所《近代史研究所集刊》第4辑（上），台北：1974年，第206页。

上层社会中也颇具影响力，得到较大的支持。

第三，广学会是一个实际上由传教士主导的团体。从人事机构方面看，广学会是由传教士发起的，广学会实际的负责人总干事一职也一直由传教士担任。在董事会中，传教士也是最稳定的，林乐知、花之安、李提摩太、季理斐、安保罗等在广学会任职都在10年以上。广学会的最主要工作出版工作也全部是由传教士承担的。在《广学会年报（第十三次）》（1900年9月30日）上，第一次列了“编辑部人员”，所列人员名单如下：[①]

林乐知牧师：美国监理公会，《万国公报》主编

高葆华牧师：英国卫斯里传道会，《中西教会报》主编

季理斐牧师：加拿大长老会

卫里氏，独立派教徒

安保罗牧师：德国信义会

玛丽安妲·梅尔文小姐：独立派教徒

李提摩太牧师：总干事，英国浸会

上述编辑部人员共7人，只有2人不具传教士身份。

从捐款来看，来自教会渠道的捐款占广学会全部捐款的67.38%，也是居于主导地位。

从广学会最主要的工作出版来看，传教士是绝对主导者。广学会最重要的刊物《万国公报》一直由传教士任主编，广学会发行量最大、影响最广的著作也是传教士自己编撰的。如《自西徂东》是广学会早期销量最多的一部书，此书1884年初版于香港，1888年广学会获得重印权出版，后一再重印，累计印数高达54 000册。此书作者就是德国传教士花之安。另外，出版后引起极大关注的《泰西新史揽要》，此书由李提摩太编译，先后销售了3万余部，据说光绪皇帝也将此书“置御案，日加披览”[②]。在广学会任职的传教士本身也都是广学会的主要撰稿人，是最重要、最稳定的作者队伍。这些传教士编撰的著作占广学会出版图书总数的57.75%，其中李提摩太、林乐知、季理斐三人著作达30部以上，李

① 《出版史料》总第30期，第78页。

② 转引自叶再生：《广学会初探（一续）》，载《出版史研究》（第五辑），北京：中国书籍出版社，1997年，第172页。

提摩太一人所著竟达61部[1]。

第四，广学会是一个专门的出版机构。从广学会的沿革来看，它的前身苏格兰同文书会是一个印书赠书的宗教团体，到韦廉臣组织上海同文书会，目的就是利用苏格兰同文书会在上海购置的印刷厂，继续其印书、译书、赠书的工作。这一性质在广学会的宗旨中得到了充分的体现。1888年同文书会章程在“宗旨”一条中既说明了广学会与苏格兰同文书会的关系，也明确了广学会的中心任务就是出售书刊，前文对此已有论述。1888年的同文书会章程第三条还对该会的“经营方式”作了规定：

> 经营方式——实现上述宗旨，首要的特别是组织和发行一些……新的书籍、论文与小册子；其次是一种适合于中国知识阶层、水平较高的期刊；第三是给妇女、儿童阅读的期刊；第四是给小学生的；第五，重印一些为董事会所赞赏的大小著作；第六，在上海设立一个发行中心……尽量设立一些代销机构。[2]

这里提到的六项工作全都是出版方面的，以后广学会的工作也很好地贯彻了这一宗旨，虽然有些方面做得并不完善，与最初的设想有较大的差距，但广学会的工作是始终围绕出书售书展开的。这点从广学会的经费支出方面可以看得更加清楚。前面关于广学会的支出部分曾经谈到，广学会最主要的支出就是与出书售书直接有关的支出。上文也提到，广学会的主要工作人员也是其最重要的编辑出版人员。因此，可以说广学会是由一个印书赠书团体演变而来、为出书售书而成立、把主要经费用于出版、由一个稳定的传教士出版团队主导、以出版为中心工作的专门出版机构。正因为如此，有学者说：“广学会本质上是一个出版机构”[3]。曾担任过广学会总干事的江文汉也认为，广学会是一个与圣经会和圣教书局一样的纯粹的基督教出版机构[4]。

4. 广学会的出版活动

书刊推广

广学会的书刊推广主要有两个方面：赠送与销售。

---

① 王树槐：《清季的广学会》，载台湾近代史研究所《近代史研究所集刊》第4辑（上），台北：1974年，第200页。

② 《出版史料》总第12期，第31页。

③ 梁元生：《林乐知在华事业与〈万国公报〉》，香港：香港中文大学出版社，1978年，第99页。

④ 江文汉：《广学会是怎样的一个机构（上）》，《出版史料》总第12期，第32页。

赠书是传教士由来已久的一种做法，广学会同样沿袭了这一推广方式，但广学会在以往的基础上有较大的改进。

第一，提高针对性。以前传教士赠书多是在布道时附带派送，随意性很大，没有既定的目标对象。广学会根据其政策思路，把赠送的对象选定为知识分子。他们在乡试、省试及恩科考试时派人在考场外分送书籍给参加考试的考生。这种以考生为对象的赠送在初期比较多，后来则主要以官绅为赠送对象。广学会经常把书寄送给各省督抚。1911 年，他们选择各省中等以上学校校长为赠送对象大批赠书。这一年的赠书量较大，其价值几乎占到同年售书额的一半。针对性不仅体现在赠送对象上，也体现在赠送图书的内容形式上。广学会向考生赠送的书籍基本上印成小册子或单张的形式，内容则是切合考试内容的各种短文。如 1893 年他们把《开矿富国说》、《国贵通商说》、《辨明技艺工作说》、《传道会说》4 篇文章合印成小册子分送考生，这些文章都是针对科场考试内容的，可以作为考时务策论的参考。对官绅赠送的则是有影响的大部头著作，如《自西徂东》、《泰西新史揽要》、《中东战纪本末》等。

第二，扩大范围。以前受布道随时派送的局限，赠送的范围仅限于传教士所到之处，基本上是以沿海、沿江的大城市及其周边地区为主。广学会的赠送范围则扩大到内地，以官绅为对象深入到各地。另外，广学会在各地建立了发行站，这些发行站同时也负责赠书工作，广学会的赠书也就有了一个覆盖广阔的渠道系统。

广学会赠送的书刊有的是自己印刷出版的，有的是捐款人指定印刷的，如安保罗就曾捐款 1 200 元用于印刷《自西徂东》用来赠送。还有很大一部分书刊是广学会购买的，这些书刊由广学会购买回来再赠送出去。在广学会的支出中，有一项“购书费”，主要就是用于这种形式。这里也就自然涉及广学会赠送书刊的总规模问题。广学会年报中没有关于赠书的详细资料，但购书费可以为我们提供一个线索。广学会购书费总计为 92 850元，占全部支出的 12.99%。购书用于赠送只是广学会全部赠书的一份，其数额将近是广学会全部书刊印刷费的三分之一，由此可见广学会赠送书刊的规模从总体上应不低于其出版书刊总量的三分之一。广学会发行 1 万册以上的图书有 20 种，这些书所以有万册以上的发行量，其中半数，“并非由于销售而出版，多由于赠送而印行”①。另外一个数字可

① 王树槐：《清季的广学会》，载台湾近代史研究所《近代史研究所集刊》第 4 辑（上），台北：1974 年，第 214 页。

以印证这一点，《广学会年报》（第十次）披露，1897 年广学会在各地共赠送书刊 121 950 本①，这是已知的广学会赠送书刊最多的一次。

作为一个专门的出版机构，书刊的推广发行一直是广学会非常重视的。广学会在最初的章程中就提出："在上海设立一个发行中心，并在十八省省会和主要城市，以及其他商业中心，如香港、横滨、新加坡、槟榔屿、巴达维亚等地，尽量设立一些代销机构。"②但这一设想最初并未实现，广学会初时没有自己的书局，早期的书刊主要是由美华书局及《申报》馆经销，后来又有申昌书画室、格致书室等代销广学会的书刊。除这些专业的书局或书刊经销机构外，各省的《申报》分销点和教堂也有广学会的书刊出售。广学会 1897 年开始建立自己的经销处。由于受到官书局开办等多种因素的影响，广学会书刊从 1897 年起销量大增，从 1896 年的5 899.92元猛增到 15 456.27 元。③受此影响，再加上财力雄厚、预算充足，第二年，广学会在各地的经销处就增加到 28 处。1899 年，又增加到 35 处。这些经销处或称书局遍布中国各地，除新疆、贵州、云南等省外，每一省都有一处或一处以上的经销机构，最多的省份江苏有 7 个广学会的经销处。④

书刊出版

广学会的出版物分图书和期刊两类，这里先说图书。

广学会年报在最初的三年（1888 年—1890 年）有出版物的记载，但 1891 年—1896 年间没有，因此，1888 年—1911 年间广学会出版图书的总数无法确定。从 1897 年起，每年的年报又恢复出版物记载，并且详列册数和页数。根据广学会 1897 年—1911 年的年报，这 15 年间其出版图书情况如表 5-7 所示。⑤

---

① 《出版史料》总第 24 期，第 82 页。

② 《出版史料》总第 12 期，第 31 页。

③ 两年的售书额分别见《广学会年报》（第九次），《出版史料》总第 21 期，第 53 页；《广学会年报》（第十次），《出版史料》总第 24 期，第 82 页。

④ 王树槐：《清季的广学会》，载台湾近代史研究所《近代史研究所集刊》第 4 辑（上），台北：1974 年，第 214 页。

⑤ 王树槐：《清季的广学会》，载台湾近代史研究所《近代史研究所集刊》第 4 辑（上），台北：1974 年，第 217 页。

表 5-7 1897—1911 年广学会出版图书情况

分 类	宗教类图书		非宗教类图书		含宗教内容图书		合计	
	种数	册数	种数	册数	种数	册数	种数	册数
数量	138	215 330	238	692 856	85	260 250	461	1 168 436
百分比（%）	29.93	18.43	51.63	59.3	18.44	22.27	100	100

表 5-7 中数据至少显示两点：其一，广学会图书出版的总体规模大。15 年间共出版 461 种，共 1 168 436 册，平均每年出书约 31 种，每种图书的平均印数为 2 535 册。这几个数字都是远远领先以前的传教士出版。其二，非宗教类图书的出版大大超过宗教类图书。非宗教类图书有 238 种，共 692 856 册，所占比例均超过一半。如果加上含宗教内容的图书，其种数和册数所占比例更是高达 70.07%和 81.57%。所谓“含宗教内容的图书”，是指涉及宗教内容的图书，宗教在图书中只是部分题材，并不是这类图书的主题，因此这类图书实质上还是非宗教类的。宗教类图书每种的平均印数为 1 560 册，非宗教类图书和含宗教内容图书的平均印数为 2 951 册，两者几乎相差一倍。非宗教类图书的出版占主导，一方面说明这类图书受欢迎、有市场，另一方面也可能是出版者的主观选择。广学会的出版不是一种企业和市场的行为，非宗教类图书的多出、多印、多发，一个重要的原因是因为这类图书符合广学会的宗旨。

广学会的宗旨是要在中国推广“西学”，广学会时期的传教士所理解的“西学”与以前有很大的不同，这在其出版的图书中得到充分体现。在广学会出版的宗教类以外的图书中，历史、政治、法律、传记等方面的图书占 58.7%，教育、改革议论等方面占 16.19%，这两类共占 74.89%，而自然科技方面的图书则只占 12.55%。广学会试图影响中国的领袖人物，鼓吹变法，提倡改革，因此人文社会科学方面的内容自然就成为他们所认为的“西学”了。

广学会的出版一方面受其自身宗旨支配，另一方面与社会形势的发展密切相关。广学会非宗教类图书有两个出版高峰，分别出现在 1898 年和 1903 年。这两年分别出版非宗教类图书 36 种和 33 种，印数分别达 169 000册和 125 300 册。1898 年非宗教类图书的印制量更占到当年总印制量的90%。1898年和1903年是晚清的两个改革年，广学会的图书出版充分反映了这一点。为适应晚清社会形势的变化，广学会的宗旨和政策有所调整。从1906年起，广学会的英文名称正式更名为“The Christian Literature Society for China ”，原来的“General Knowledge”（一般知识）被删除，广学会逐渐回到以宗教出版为主轨道。从这一年起，广学会的宗教图书出版大增。1906年以前宗教类图书的比例一般在23%左右，1906年宗教类图书的比例上升到46.15%，增长一倍多。到1910年、1911年两年，宗教图书的出版更接近50%。①

期刊是广学会出版的重要部分。广学会先后出版了《万国公报》、《中西教会报》、《孩提画报》、《训蒙画报》、《成童画报》、《大同报》6种期刊。三种儿童画报存续时间短，影响不大。《中西教会报》1891年创刊，是一份以教徒为对象的宗教刊物。《大同报》创刊于1904年，是一份综合性期刊，它以翻译内容为主要特色。《万国公报》是广学会最有影响的期刊，也是整个广学会出版中最有影响的，广学会几乎是与《万国公报》联系在一起的，《万国公报》是广学会的喉舌，广学会的影响、声誉、地位主要来自《万国公报》。《万国公报》不仅影响突出，地位重要，就出版本身而言，其出版量也占了广学会的半壁江山。1897年—1907年，《万国公报》共发行406 700册，平均每年约36 973册，超过广学会出版图书的一半以上。《万国公报》前文已有论述，这里不再重复。

① 叶再生：《广学会初探（一续）》，载《出版史研究》（第五辑），北京：中国书籍出版社，1997年，第153页。

第六章　传教士出版的特点和贡献

第一节　传教士出版的特点

一、传教士个人在印刷出版活动中的主导地位突出

1. 中文活字印刷的基本技术主要是由传教士解决的

本书第三章详细讨论了中文金属活字的研制过程。从这一过程我们可以看出：主要是因为传教士中文印刷出版的需要，由传教士开始了中文金属活字的研制工作，研制的成果最初也主要是在传教士的印刷出版活动中得到实际运用。经过不断改进与完善，传教士基本上解决了中文活字制造的问题，同时还发明了快捷实用的中文排版检字方法，为中文印刷使用西方近代活字印刷解决了最基本、最关键的技术问题，形成了较为成熟的中文活字印刷技术。在这一过程中起突出作用的是戴尔和姜别利。戴尔从接触中文开始到去世，历时 17 年，他把毕生精力都献给了中文活字印刷。姜别利是学印刷出身的传教士，虽然他在华时间不长，但由于他的贡献，中文活字印刷技术才得以基本形成。

2. 很多出版活动完全受传教士个人支配

这一点突出地反映在一些期刊的出版上。我们将传教士创办、主持的期刊列了一个表（见表 6-1）。从表 6-1 中可以发现，所有这些期刊都是由传教士创办的，这些期刊停刊也都是因为传教士个人的原因。这其中最典型的是《东西洋考每月统记传》和《格致汇编》。郭实腊是一个十分活跃的社会活动家，他的精力被很多事情牵扯，因此他主持的《东西洋考每月统记传》中途停刊两次。最终也是因为郭实腊实在是无力再办下去，刊物也就最终停办。《格致汇编》前后跨越 16 年，由傅兰雅一个人

独立主办。其间一次由于傅兰雅回国，刊物就停办了；后来又因为傅兰雅分心于格致书院的工作，再加上经济原因，刊物二度停办。最后由于傅兰雅离开中国到美国定居，随着他的离开，《格致汇编》最终停刊。

期刊出版受传教士个人支配不仅仅表现在刊物随传教士个人的进退而存亡，也不仅仅表现在刊物的编辑全由传教士个人主持、出版经费全由传教士个人筹措，它还表现为这些期刊的宗旨和特色也全因传教士个人决定，具有鲜明的个人特征。这一方面表现最突出的是《格致汇编》和《小孩月报》。出于个人的认识和独特的工作经历，傅兰雅对介绍西方科技到中国最为用心，他出版的《格致汇编》因而就是一份纯粹的科技期刊。可能是由于创办清心书院的原因，范约翰对少年儿童的养成教育情有独钟，于是他创办了专门给小孩看的期刊，宗旨就是对少年读者在“器识”、“文艺”方面进行培养。

表 6-1　传教士创办、主持的期刊

刊名	出版地点	主持人	创刊时间	停刊时间	停刊原因
察世俗每月统记传	马六甲	米怜	1815.8.5	1821/1822	米怜去世
特选撮要每月纪传	巴达维亚	麦都思	1823.7	1826	
天下新闻	马六甲	纪德	1828	1829	纪德回国
东西洋考每月统记传	广州	郭实腊	1833.8.1	1834.5	休刊
（第一次复刊）	广州	郭实腊	1835.2	1835.7	休刊
（第二次复刊）	新加坡	郭实腊	1837.2	1838.4	郭实腊个人原因
各国消息	广州	麦都思	1838.10	1839	无人接办
遐迩贯珍	香港	麦都思、奚礼尔	1853.9.3	1856.5	无人接办
六合丛谈	上海	伟烈亚力	1857.1.26	1858.3	经费不足
格致汇编	上海	傅兰雅	1876.2.9	1878.2	傅兰雅回国

续表

刊名	出版地点	主持人	创刊时间	停刊时间	停刊原因
(第一次复刊)	上海	傅兰雅	1880.4	1882.1	亏损
(第二次复刊)	上海	傅兰雅	1890	1892.12	傅兰雅离开中国
中国教会新报	上海	林乐知	1868.9.5	1874.9	改名为《万国公报》
万国公报(早期)	上海	林乐知	1874.9	1883.7	林乐知工作繁忙

在考察传教士的出版活动时我们注意到一个现象：传教士在从事出版活动时，其个人身份有时超出了其传教士身份。这其中有代表性的是傅兰雅、李提摩太、林乐知。傅兰雅以传教士身份来到中国，但他在中国的工作基本上与传教士的本职无关。事实上，从1868年起他就脱离了教会。傅兰雅在中国的身份实际上应该就是一个受聘于清政府的“外国专家”①。李提摩太也因为传教方针与所属教会产生分歧而逐渐脱离原属的教会，后来他基本上是一个“社会活动家”或“文化名人”，他在广学会的任职并不代表哪一个教会。林乐知虽然在名义上没有脱离教会，但实际上，因为美国国内战争的原因，在很长一段时间内，林乐知与国内母会完全失去了联系，他在上海不得不自谋职业。林乐知最稳定、最长期的工作是在上海广方言馆和江南制造总局翻译馆的工作。他于1864年(同治三年)3月受聘于广方言馆，后又于1868年受聘于江南制造总局翻译馆，前后工作达10年之久。正是因为其在翻译馆的贡献，清政府赐之四品衔。林乐知与傅兰雅一样，也可以说是一个社会闻名的“外国专家”。林乐知1907年在上海病逝时，各方悼念文字很多，都认为林乐知是一位“诚笃君子，吃苦耐劳，自强不息，急公好义，待人恕道，毕生服务人群，不矜不夸，实兼传教士、教育家、作者、报人、中西文化沟

① 傅兰雅的相关材料还可参考李志刚：《傅兰雅在华之事业及贡献》，载李志刚主编：《近代中国基督教文化掠影》，北京：今日中国出版社，1997年，第44—82页。

通者于一身”[1]。虽然如此，我们仍然把他们从事的出版活动称为传教士出版活动，一方面是因为他们毕竟是传教士出身；另一方面，“传教士”是一个大的背景，而且完全脱离了教会的传教士只是少数。传教士的个人身份与传教士身份是统一的，不是相冲突、相矛盾的。认识到传教士个人身份的突出之处，有助于我们认识传教士出版的差异性、丰富性，有助于我们深入、具体地认识传教士出版，避免简单地给传教士出版贴标签。

3. 传教士的著作主要是由传教士自己出版

从事出版活动的传教士首先是著作者。笔者综合各种资料，将著译数在 20 种以上的传教士整理了一个表（见表 6-2）。

传教士的著作主要是通过两种基本形式出版的。第一种形式是依托于相应的机构。如马礼逊的著作出版依托的是东印度公司澳门印刷所和马六甲印刷所，麦都思依托的是巴达维亚印刷所、墨海书馆等，李提摩太的著作主要是由广学会出版的。第二种形式是依托自己成立的机构出版。传教士办的各种期刊其实也就是一个相对长期且固定的印刷出版机构，如郭实腊的大多数著作就是在办《东西洋考每月统记传》的同时出版的，傅兰雅在办《格致汇编》的同时出版了 38 种相应的格致汇编丛书。

表 6-2　著译数在 20 种以上的传教士

序号	传教士	译著种数	序号	传教士	译著种数
1	马礼逊	20	7	麦嘉缔	31
2	米怜	30	8	慕维廉	21
3	合信	20	9	傅兰雅	208
4	卢公明	25	10	林乐知	42
5	麦都思	93	11	李提摩太	61
6	郭实腊	46	12	季理斐	38

传教士依托的出版机构主要是传教士自己办的[2]，这些机构除了印刷

① 查时杰：《林乐知的生平与志事》，载林治平主编：《基督教入华百七十年纪念集》，台北：宇宙光出版社，1981 年，第 155 页。

② 傅兰雅的著作出版是个例外，虽然益智书会和他自己的杂志社出版了其大量译著，但他的作品大多数还是由江南制造局出版的。

《圣经》等纯宗教品外，主要就是出版传教士的著译作品。如墨海书馆在1844年到1846年间共出版书籍17种，其中16种是麦都思一人编写的。益智书会共出版45种图书，其中42种就是傅兰雅编撰的，比例高达93%。在广学会出版的图书中，传教士编撰的著作占到了总数的57.75%。传教士自己成立的机构更是只出版自己的著译作品，因此可以说传教士出版主要是传教士自己著作的出版，是自己出版自己的作品。

二、印刷在传教士印刷出版活动中占有重要地位

印刷对于基督教新教来说具有特别重要的意义。古登堡发明的活字印刷在16世纪欧洲的宗教改革运动中发挥了独特的作用，路德就是靠大量印刷的《圣经》打破了罗马天主教会对宗教的垄断，成功进行了宗教改革。对于来到中国的传教士来说，印刷也是宗教宣传必不可少的一种手段。早期传教士主要是需要印刷中英文字典、《圣经》及各种宗教宣传品，后来又有大量传教士自己的著作、通讯、各种教科书及试卷等需要印刷。在中国的近代印刷还未建立，商业印刷环境还不成熟的时候，传教士为了传教的需要不得不自己办印刷所。在这种情况下，可以说传教士走到哪里，他们就把印刷所办到哪里。

传教士的印刷活动有以下几个特点。

第一，机构多。传教士办印刷是不拘形式的。有的印刷所是依托布道站的，如马六甲印刷所、墨海书馆等；有的印刷所则是比较单一的机构，如美华书馆、福州卫理公会书馆等；大多数的印刷所是设在教会办的教育机构、慈善机构和卫生医疗机构里的，严格来说并不是一个单纯独立的印刷机构，如创立于1880年的汕头英国长老会书馆就设在教会的男子寄宿学校内，只有三间房，五名固定的工人。由于印刷是传教急需的工具，设立一个印刷机构也不是很难，主要的问题就是设备和人手，因此传教士因地制宜，办了不少的印刷所。根据《中国印刷近代史（初稿）》[①] 的材料，笔者对传教士办理的印刷机构做了一个简单整理，在1807年—1911年的104年时间里，传教士共办了57个印刷机构（见表6-3）。从表6-3可以看出，传教士办的印刷机构以基督教新教为主，共

① 范慕韩主编：《中国印刷近代史（初稿）》，北京：印刷工业出版社，1995年，第71—103页。

46 个，占总数的 81%。另外，光绪以后的 37 年间所办的印刷机构在数量上占优势，共 38 个，占总数的 67%。

表 6-3　1807 年—1911 年传教士办理的印刷机构统计

时间	基督教新教	天主教	合计
1807 年—1874 年	15	4	19
1875 年—1911 年	31	7	38
合计	46	11	57

第二，分布广。传教士办的印刷机构不仅数量多，而且分布广。特别是在光绪以后，随着传教范围的不断扩大，传教士足迹所到之处几乎都办印刷机构。如东北有 1881 年成立的牛庄哥伦比亚小书馆，东南除福建有多个印刷机构外，还有 1884 年创办的台南英国长老会书馆，最南端则有 1890 年创立的海南岛长老会书馆，最西边则有 1905 年设立的喀什福音堂印书馆。

第三，存续长。相对于传教士办的纯粹的出版机构（早期主要是各种期刊出版单位，后期则主要是广学会），传教士办的印刷机构在经营上更加实际，有的采取的就是企业经营模式。由于经营稳定，这些印刷机构一般存续时间长。在此，将 7 个存续时间较长的传教士印刷机构列了一个表，有的从创立到结束历经 85 年（见表 6-4）。

表 6-4　7 个存续时间较长的传教士印刷机构

机构名称	存续时间	备注
美华书馆	1860 年—1927 年	盘给商务印书馆
福州卫理公会印书馆	1861 年—1915 年	转让
美华浸会印书馆	1899 年—1925 年	
土山湾印书馆	1864 年—1949 年	并入中华印刷厂
北京遣使会印书馆	1864 年—1944 年	
烟台天主堂印书馆	1886 年—1941 年	
南宁玫瑰印书馆	1890 年—1939 年	

传教士办的印刷机构一般叫“书馆”或“印书馆”，这些名称严格来讲是不确切的，如本书在第四章中曾指出，从美华书馆的实际情况看，

它的确切名称应该是“美华印馆”。其实不仅美华书馆如此，大多数的传教士“书馆”或“印书馆”其实只是一个“印馆”，一个印刷所，只是少量偶尔印一些著作而已。不仅在名称上应该更正，传教士出版机构的地位也主要是由印刷而来的。如墨海书馆、美华书馆、土山湾印书馆等，这些机构在当时主要是因为印刷的原因才引起社会的关注。印刷与传教是紧密相联的，传教士办的印刷机构数量多，分布广，持续久，从整体上看，传教士的印刷活动更广泛、更普遍，占有重要地位。

除了一般的书馆和印书馆外，传教士在中国还另外建有两种机构：圣经公会（The Bible Society）和圣教书会（Religious Tract Society）。圣经公会又叫圣经出版协会，其主要的工作就是印刷和发售各种版本的《圣经》。1911 年以前中国的圣经公会主要是英国圣经公会（British and Foreign Bible Society）和美国圣经公会（American Bible Society）在海外设立的分支机构或代表处。英国圣经公会最早在 1836 年即佣人在中国工作，但直到 1863 年伟烈亚力作为代理人之后，英国圣经公会在中国的工作才真正展开。这之后该公会的工作颇见成效，如 1888 年—1893 年这 6 年中，英国圣经公会在中国的《圣经》发行量是 1 327 991 册，其年平均量为 220 000 多册。① 美国圣经公会从 1862 年正式进入中国，其《圣经》印制量与英国圣经公会相当，1893 年的印制量为 241 900 册②。另外苏格兰圣经公会（National Bible Society of Scotland）也在汉口设有代表处，从事相同的工作。圣教书会是类似的机构，只不过机构数量更多，先后有 9 个圣教书会在各地成立，本书第五章已有涉及，这里不再重复。华裔美国学者何凯立说：“在中国，它们（圣经公会）是最多产的，也许还是最有效率的新教出版社。”③ 就《圣经》的印刷来说，圣经公会的确是最多产的，也是最有效的。但圣经公会并不是严格意义上的出版社，至少在 1911 年以前，此时的圣经公会只是大批量印刷品的资助者，是大批量印刷的提供者，它提供了大量的印刷业务。墨海书馆曾为了“百万

---

① McIntosh, Gilbert: *The Mission Press in China*, Shanghai: American Prebyterian Mission Press, 1895: 64.

② McIntosh, Gilbert: *The Mission Press in China*, Shanghai: American Prebyterian Mission Press, 1895: 76.

③ ［美］何凯立：《基督教在华出版事业（1912—1949）》，成都：四川大学出版社，2004 年，第 129 页。

册《新约全书》规划”专门添置新的印刷设备。可以说，虽然《圣经》和各种小册子的发售是圣经公会和圣教书会工作的主要目的，但实际上，它们所提供的大量印刷业务使得其在一定程度上在传教士印刷方面占有重要地位。

三、期刊出版在传教士印刷出版活动中占有重要地位

期刊出版可以说是传教士出版最有成就的方面，是传教士从事出版活动的主阵地。

第一，期刊出版贯穿始终。从1815年《察世俗每月统记传》创刊开始，一直到清朝亡，传教士不断参与各种期刊的创办，也不断兴办各种期刊。

第二，一些著名的传教士出版者都与期刊有联系，或者说正是其所办的期刊成就了传教士的事业。如马礼逊、米怜与《察世俗每月统记传》，麦都思与《特选撮要每月纪传》、《遐迩贯珍》，郭实腊与《东西洋考每月统记传》，伟烈亚力与《六合丛谈》，傅兰雅与《格致汇编》，林乐知与《万国公报》等。

第三，期刊出版也是传教士出版最有影响的方面。本书第四、五章对传教士办的一些期刊作了较详细的介绍，对这些期刊的重要意义都有所说明，这里只是纯粹从出版史的角度作一简单补充。在中国传统出版中，没有期刊这一出版形式，期刊是由传教士引入的。由于传教士在期刊出版方面的不断努力，也由于他们在期刊出版方面的相对成功，使得期刊这一出版形式被国人认可和接受。在条件成熟的时候，中国人自己办的期刊就像雨后春笋，迅速成长。如《万国公报》在维新时期的广泛影响对国人创办时政报刊起了直接示范效应。康有为、梁启超等维新派还直接借用这一名称来做他们创办期刊的刊名，其用意之一就是要借用它的知名度和影响力。从康梁的《万国公报》开始，国人办的各种政论报刊不断涌现。与政论报刊同时出现的还有各种不同的专业报刊，最终报刊成为晚清出版的一个重要组成部分。

传教士在期刊出版上着力并产生相当影响，其中一个重要原因应是期刊这一出版形式最切合传教士出版的性质。出版在传教士眼里是一种“文字事功”，是一种事业，其目的是宣传教义、传播福音。也就是说传教士出版的目的性很强，而期刊正是一种具有明确宗旨的连续出版物。

正因为如此，传教士在办每一种刊的时候都以不同的形式明确说明刊物的宗旨。再加上刊物又是连续出版，读者对象也明确，这些都符合传教士出版的特点。

四、传教士出版与中国传统出版的相似性

本书第二章曾分析了中国传统出版的两个基本特征，一是出版主体的广泛性，二是出版目的的非赢利性。从整体上看，传教士出版与中国传统出版在这两个方面有很强的相似性。

1. 传教士出版形式的多样性

严格来说，传教士就是传教士出版的主体，但传教士的出版是通过一定的形式来实现的。传教士有很强烈的出版愿望，有很厚实的著译能力，有很丰富的出版资源，这就使得传教士出版表现为多种多样的形式。概括来说主要有四种类型。一是各类书馆或印书馆。上文所说的 57 个各种类型的书馆或印书馆一方面主要是行使印刷的功能，是一个印刷机构；另一方面，这些书馆或印书馆在印刷各种杂件和宗教、文教用品的同时，也印刷传教士自己的著作，印刷小册子，这时它就也是一个出书机构。二是各种独立的出版机构，主要是各种期刊社。在 1815 年—1911 年间，传教士共办有 43 种各类期刊，这些期刊本身就是重要的出版物，同时如前文所述，依托这些期刊传教士还出版许多图书。三是各类文教机构。从马礼逊教育会开始，各种与传教士有关的文教团体也成为传教士的一种出版机构。如马礼逊教育会出版《遐迩贯珍》，中国益智会（在华实用知识协会）接办《东西洋考每月统记传》，再有后来的益智书会、中国教育会等，这些社团机构中最著名的当然就是广学会了。

中国传统出版的主体是多样的，有各种各样的官府刻书，民间刻书也是名目繁多。进一步分析我们发现，中国传统出版的主体也可以分为两类：士人刻书和商人刻书。这里说的商人刻书是指书商刻书，就是坊刻。士人以不同的身份、在不同的具体情况下其刻书就表现为不同的形式：士人为官时可能就是各种不同的官刻，为学时就可能是书院刻，返乡时则可能是各种家刻或私刻了。中国传统社会中的士也有强烈的出版愿望、厚实的著述能力、丰富的出版资源，只要条件许可，他们就可能从事著述出版，在这一点上传教士与中国传统士绅有很大的相似性。

2. 传教士出版的“事业”性质

传教士出版的“事业”性质主要表现在两个方面。

第一，传教士出版具有鲜明的“使命”特色。从整体上讲，传教士出版的使命就是宣传宗教教义、传播上帝福音，这一宗教宣传的使命在传教士出版中贯穿始终。但是，贯穿始终并不意味着始终如一。宗教宣传在不同的时期不同的传教士身上体现的程度和方式也是不一样的。

大体上，早期传教士出版的宗教色彩比较浓厚，中后期出版中的宗教性内容明显减少。如 1807 年—1842 年间传教士出版的图书中宗教性的占 76%，1888 年—1911 年的 15 年间广学会出版的图书中，宗教性图书种数只占约 30%，册数只占约 20%。这一点在传教士出版的期刊中也得到体现。《察世俗每月统记传》刊载的基督教义以及与宗教有关的内容占 80%以上，1868 年的《中国教会新报》宗教性内容就只占到 48%，后来该刊的宗教性内容持续减少，1868 年—1874 年 6 年间宗教性内容平均只占 28%。后来的《万国公报》上宗教性内容所占比例更少，其内容主要以时事新闻为主。

宗教宣传贯穿传教士出版的始终，但是宗教宣传并不是传教士出版的唯一使命。除宗教宣传外，推广“西学”也是传教士出版的一项重要使命。

早期传教士所要推广的“西学”主要是科技知识，是格致之学。1807 年—1842 年间传教士出版的图书中，各类科学类图书所占比例为 34%，超过三分之一。这一时期的传教士认为，自然规律和自然秩序是上帝智慧的最好体现，认识自然规律是认识上帝的必要途径。出版科技类图书的最终目的是为传教服务。传教士科技类图书的出版在洋务运动时期达到了高潮。此时出版了专门介绍格致之学的期刊《格致汇编》，仅傅兰雅一人出版的介绍格致知识的图书就达 200 种以上。到广学会时期，受“社会福音运动”思想的影响，同时也为适应晚清政治社会形势的发展变化，传教士大力鼓吹变法，提倡改革，人文社会科学方面的知识成为他们推广的“西学”的主要内容。在广学会出版的非宗教类图书中，历史、政治、法律、传记等方面的图书占 58.7%，教育、改革议论等占 16.19%，这两类共占 74.89%，而自然科技方面的图书则只占 12.55%。

第二，传教士出版具有鲜明的非赢利特征。

传教士出版的非赢利特征首先表现为其出版目的的非赢利性。传教士开办各种书馆、印书馆主要是为了解决传教及其他文教活动对印刷的急切需求，传教士出版书刊主要目的是为了宣传教义、传播福音、推广西学。传教士出版的非赢利性特征是很明确的，最能直接体现这一特征的有两个方面：一是传教士大量捐赠各种书刊，二是圣经公会和圣教书会的工作。赠送书刊也是传教士贯穿始终的一种做法，特别是一些期刊，在很大程度上主要就是用于赠送的。书刊的赠送在广学会时到达高潮，广学会赠送书刊的规模占其出版书刊总量的近三分之一。圣经公会和圣教书会的出版量占传教士出版的很大比重，从出版量来说，这两个机构占有重要地位。但这两个机构的印刷品只是低价供应，有时就是纯粹的赠送，因此它们实际上只是一个宗教读物的提供者，而不是一个出版物的提供商。尤其是为了达到广播福音的目的，传教士不惜花很大的人力物力成本提供各种方言版本的《圣经》，这显然不是一种赢利的行为。

传教士出版的非赢利特征更主要地体现在其运行模式上。传教士的出版活动主要是一种“资助出版”，其出版的经费主要来源于各种不求经济利益回报的资助。这些资助有教会的资助、社会的捐助以及传教士个人的无私奉献。从经费的直接来源看，教会资助是主要的。一些附属于传教机构的小规模书馆或印书馆主要靠所属教会的资助，专项的宗教品印刷也主要是靠教会资助，如圣经公会和圣教书会的经费来源主要是靠各自母会的拨款。一些社团的出版经费也主要是来自各个教会，如在广学会的经费来源中，教会的捐助占56.47%。传教士个人独力支撑出版书刊的情况也是比较普遍的，如傅兰雅就以个人之力出版《格致汇编》，《中国教会新报》和早期的《万国公报》也是由林乐知个人独力出资出版的。

我们在谈到传教士办的各种印刷机构时曾指出其数量多、分布广的特点，这些书馆或印书馆还有一个特点就是规模小。除美华书馆、土山湾印书馆等少数几个外，大多数的书馆只有一至两台机器，三五个人。可以说正是因为规模小，才有可能设立得多，分布得广。这种情形说明传教士设立印刷机构只是根据自身需要，解决自身的印刷所需，设书馆是因事而设，而非图利所为。

关于传教士出版管理方面的资料十分有限，但我们仍可简单地从管理上看到其鲜明的非赢利特征。一般来说，传教士出版在管理上可能只是实行简单成本核算。例如英华书院在印刷宗教品时一直实行印刷成本加10%的方式收取印刷费。在管理形式上传教士出版机构多采取社团管理而非企业管理的形式，实行董事会、委员会制和秘书（总干事）制。这里的董事会不是如企业一样以资本为基础的董事会，而是一种以身份和地位为基础的事业机构董事会。特别是无论是董事会成员和秘书、干事，甚至是一般工作人员（除中国雇员外），他们往往是不支领薪水的。

第二节　传教士出版对中国近代出版发展的贡献

传教士出版是中国近代出版史上一个重要现象，对中国近代出版的影响是多方面的。这里我们集中讨论的是传教士出版在印刷方面的影响和贡献。另外，从整体上看，传教士出版在中国近代出版发展中的作用是有限的，对传教士出版在整个近代出版史中的地位和影响不可夸大和过高估计。

一、传教士印刷出版活动对中文印刷近代化的贡献

1. 奠定了中文印刷技术近代化的基础

传教士是近代机械活字印刷的最早实践者。正是传教士在实践中解决了中文机械活字印刷的关键技术：中文金属活字制造。这一技术包括三个方面：金属活字的制造、整副（套）活字的结构、捡字排字方法。近代印刷技术是在欧洲发展起来的，欧洲的印刷技术是以金属活字为基础的。中文印刷要实现近代化，首先必须解决中文金属活字制造问题。传教士在中文金属活字制造上的实践为中文印刷技术近代化奠定了基础。

2. 为近代印刷的普及提供了条件

第一，培养了人才。一方面，传教士大量的印刷实践为社会提供了一个新的就业门路，也培养了大量的熟悉和掌握近代印刷技术的从业人员。这为新型印刷业的形成提供了最基本的、合适的人力资源。另一方面，传教士的印刷机构为中国近代印刷出版业培养了技术骨干和行业先行者。王韬是晚清文化名人，也被称为“新出版第一人”①。正是因为王韬有在墨海书馆13年的工作经历，他才能于1873年在香港创立“中华印务总局”、主办《循环日报》，1885年在上海设立韬园书局。土山湾印书

① 汪家熔：《新出版、新出版第一人》，载《汪家熔出版史研究文集》，北京：中国书籍出版社，1998年。

馆则培养了邱子昂、顾掌全、许康德 3 位早期的华人印刷专家。邱子昂后来受聘主持晚清著名石印书局点石斋的印刷工作，顾掌全则进入中国图书公司主持制铜锌版，许康德于 1908 年进入商务印书馆负责教科书的照相制版工作。商务印书馆的四位创始人均是教会印刷机构出身。夏瑞芳、高凤池、鲍咸恩、鲍咸昌均曾就读于上海清心书院，印刷是其学业之一。夏瑞芳、鲍咸恩从清心书院毕业后进入《捷报》馆做排字工，高凤池、鲍咸昌毕业后则进入美华书馆从事印刷工作。正是有了这一早期的印刷从业历练，他们才有了创办商务印书馆的基础和条件。

第二，与印刷有关的设备及物料市场基本形成。除传教士开办的印刷机构之外，还有两类机构也开展了近代印刷工作。一类是外国商人办的报社和出版社，一类是国人开办的出版机构。正是因为有大量使用机器活字印书的近代印刷机构存在，相应地也产生了对印刷设备及物料的大量需求。有需求就有市场。在《申报》上我们可以看到许多关于近代印刷设备和物料的广告。这些广告主既有新兴的洋行，也有老牌的药店。如光绪十二年(1886 年) 七月十二日，《申报》上刊登了一则麦利洋行的广告：

> 英国名厂许士耿博，专制各种石印书画机器，工精料坚，灵巧无匹，向托小行在中国经理专办，历承同文等书局定购，俱各合式无误。现在该厂制造益精，新出汽机印架，可装置煤气火力，一日能七千张，较之旧式，不啻事半功倍。所有印书油墨、照相药水，一切应需之物，均可随时定寄，限期到货。

光绪二十二年 (1896 年) 五月二十八日的《申报》上刊登了一则中法大药房的广告：

> 本药房自向英国运到石印粉墨、铅印油墨料，品高价廉，趸买格外克己。计开石印每听二磅，洋二元；铅印每听廿五磅，洋五元。

除洋行药房之外，出版机构本身也从事印刷设备和物料的经营。《申报》上长期刊登有自己的广告。如同治十三年 (1874 年) 三月四日的一则启事：“发卖印书各器”：

> 夫西法印书，最为时尚，省料惜工，灵敏捷速，价廉物美，奚啻倍蓰？今新法渐次通行，不数十年而刻板之旧制将无所用矣。兹本馆与英国制造印字器具者，恒有交接，凡欲取用新法，皆可代为购办其机器、铅字、大锤等物，并为代购油墨、铅胚、小种铅字并铅筵胚子等物，皆至本馆，随要随卖可也。

光绪二十五年（1899年）九月十七日的《申报》刊登了一则商务印书馆的告白：

> 本馆专售印书机器、大小活字、铜模，并代印中西书籍、报章，价廉物美，早经海内驰名。今有唐林老牌四十磅、四十五磅及五、六、七、八十磅新文纸并各种夫士纸出售，赐顾者请至上海北京路。

从这些广告可以看出，当时的印刷物质设备交易是比较活跃的。有学者指出：只要随手翻开《申报》、《时报》、《东方杂志》或《月月小说》等上海地区的报刊，我们就能看到以上类似的广告①。近代印刷设备和物料市场的形成是近代印刷业发展基础和条件，传教士的印刷活动在这方面起到了重要作用。

由于中文印刷技术近代化基本完成，伴随着近代印刷技术人才的不断养成和熟练工人的不断出现，再加上印刷设备和物料市场的形成，国人也自然地开始从事近代印刷业，一些近代印刷企业相继成立。这一过程的最终结果，就是中国近代印刷业的逐步形成和发展。在中国近代印刷业的形成和发展过程中，传教士起到了关键的作用，作出了重要的贡献。

从出版概念来看，从行业结构或者说产业链来看，印刷是出版的两个基本环节之一。从出版史的角度来看，印刷又是出版的一种早期产业形态。在近代欧洲，很多印刷业主最初就是出版业主，一些近代印刷企业后来就发展演变为近代出版企业。我国近代出版发展史也有类似的现象，也有类似的发展过程，商务印书馆就是这一发展模式的典型。

无论从主观还是客观来说，商务印书馆最初都是一个纯粹的印刷企业。商务印书馆早期的主要人员之一蒋维乔在回忆夏瑞芳创立商务印书馆的初衷时说："我国向无印刷事业，（夏瑞芳）君乃亲赴日本考察，有所得，归而仿行之。"②商务印书馆最初就是当一个印刷企业来办的，最初也的确是一个地道的印刷机构，其"印书馆"的名称也明白无误地标示了这一点。从1897年2月11日正式开办起，商务印书馆的主要业务就是承印各种证书、请柬、招贴、洋行的商业簿册、报表等杂件，也为圣经会和广学会等机构

---

① 潘建国：《清代后期上海地区的书局与晚清小说》（博士后报告），第12页。北京图书馆藏。

② 蒋维乔：《夏君瑞芳事略》，见《商务印书馆九十年（1897—1987）》，北京：商务印书馆，1987年。

承印各类书籍。最初的商务印书馆是一个杂件印刷商（Jobbing Printer）。

近代印刷业一方面为近代出版业提供了成长的土壤，另一方面，逐渐形成的近代印刷业也满足了近代出版业发展的要求，为近代出版业提供了产业支撑。

本书第二章在分析“中国传统印刷为什么以雕版印刷为主”时曾说：从印刷技术特征与出版行业生态环境的关系这个角度来看，雕版印刷的特点很适合中国传统出版的生态环境。中国传统出版从整体上来说不是一种商业性的出版，雕版印刷的技术特征正好适合了中国传统出版的非商业性业态特征。

近代出版的发展是一种由传统的非商业性出版向商业性出版发展的过程。商业出版对于印刷的要求就是有速度、有规模，就是高效低价，只有以机械活字为主要特征的近代印刷才能满足这种要求。近代印刷业的发展为近代出版业的发展提供了土壤，也提供了必要的技术条件和产业支撑。换个角度也可以说，中国近代出版业的发展是从印刷近代化开始的。而在中文印刷近代化的过程中，传教士作出了重要贡献。

二、传教士出版在近代出版史中的地位

1. 近代出版史上的三大出版现象

晚清出现了三大出版现象，一是教科书的出版，二是期刊的大量涌现，三是文艺小说的出版。

随着晚清学制和教育改革的推行，各种学堂、学校数量大增，各类学生人数也迅速增长。据《教育世界》所载清学部的统计，1903 年到 1909 年的 7 年间，各类学校由 719 所增加到 52 348 所；1902 年到 1909 年的 8 年间，各类学生由 6 943 人增加到 1 560 270 人①。迅速增长的学校和学生为教科书的出版提供了前所未有的市场需求，各类教科书出版机构纷纷涌现。有研究者甚至认为：“毫不夸张地说，20 世纪初成立的出版社，与新式教科书的编写出版或多或少都有些关系。”②教科书出版不仅是几乎所有出版社都涉及的业务，而且是一些新型出版机构的主要业务。

---

① 转引自丁守和：《辛亥革命时期期刊介绍（一）》，北京：人民出版社，1982 年，第 122 页。

② 黄林：《晚清新政时期出版业研究》，湖南师范大学博士论文，2004 年，国家图书馆藏，第 109 页。

文明书局、中国图书公司都是专门为出版教科书而成立的，商务印书馆由印务向出书的转变也是从教科书或学习用工具书的出版开始的，以后商务印书馆更是因教科书的出版而迅速壮大。1906 年上海书业商会在其出版的《图书月报》（第 2 期）上，载有已入会的会员 22 家，其“绝大多数都是以出版教科书为专业的”①。

维新变法时期，各地兴起了一股办报刊②的高潮。据不完全统计，从 1895 年到 1898 年，全国出版的中文报刊 120 种③。进入 20 世纪以后，报刊出版更加活跃。据史和等编《中国近代报刊名录》，1898 年到 1911 年间出版的报刊有 655 种。另据 1905 年 5 月天津《大公报》的《报界最近调查表》，当时正在出版和停刊不久的报刊，全国有 302 种。④晚清大量涌现的报刊中时政类报刊占很大比例，如 1905 年至 1911 年间，革命派报刊或具有明显革命倾向的报刊有 100 种左右⑤。晚清报刊出版中还有一个重要现象就是专业报刊大量出版，如文艺报刊（包括大量的“白话报”）、医学报刊、教育类报刊、商业性报刊及政治法学类报刊等。

晚清文艺小说的出版更是空前的发展。阿英在《晚清小说史》中说，晚清小说在中国小说史上是一个空前繁荣的局面。阿英估计晚清小说出版“至少在一千种上”⑥。有一组数据很能说明晚清小说的爆发式发展（见表 6-5）。

从表 6-5 可以看出，1840 年到 1910 年，出版于上海的单行本创作小说共有 352 种，其中 1840 年到 1902 年只有 26 种，1903 年到 1910 年出版的有 326 种；刊载于上海报刊的创作小说共 429 种，其中 427 种都是 1903 年到 1910 年间出的。⑦

---

① 张静庐辑：《中国近现代出版史料（近代初编）》，上海：上海书店出版社，2000 年，第 214 页。

② 晚清“报”“刊”不分，很多期刊也叫“报”，实际上是刊。即使是以报纸形式出版的，也不是新闻性的日报。因此从整体上讲，这些出版物实际就是期刊，但为方便，这里仍用“报刊”一词。

③ 方汉奇主编：《中国新闻事业通史（第 1 卷）》，北京：中国人民大学出版社，2000 年，第 539 页。

④ 方汉奇主编：《中国新闻事业通史（第 1 卷）》，北京：中国人民大学出版社，2000 年，第 742 页。

⑤ 方汉奇主编：《中国新闻事业通史（第 1 卷）》，北京：中国人民大学出版社，2000 年，第 899 页。

⑥ 阿英：《晚清小说史》，北京：东方出版社，1996 年，第 1 页。

⑦ 潘建国：《清代后期上海地区书局与晚清小说》（博士后报告），第 49 页。

表 6-5 1840 年—1910 年小说出版统计

	总数	1840 年—1902 年		1903 年—1910 年	
		种数	比例	种数	比例
单行本小说	352	26	7%	326	93%
报刊载小说	429	2	0.5%	427	99.5%

晚清小说出版的空前繁荣还表现在文艺期刊的大量涌现。“当时，不仅新闻纸竞载小说，专刊小说的杂志，也就应运而生。”①从 1901 年至 1902 年，新出版的文艺期刊累计达 30 多种，比前一阶段增加了数倍②。小说出版的兴旺产生了一批专职作家和高产作家。林纾一生共翻译了 179 种欧美小说，吴趼人在七八年的时间里写了 18 种长篇小说，李涵秋 15 年里写了 33 部长篇小说，包笑天在 13 年中仅翻译的中长篇小说就有 37 种③。

中国近代出版发展的一个重要方面就是业态模式的转换和进步。上述三大出版现象是中国近代出版发展的主要标志，也是近代出版业态模式转变的平台，中国出版由传统到近代的发展主要就是在三大出版过程中实现的。这一点在晚清文艺小说的出版中体现得比较充分。

传统出版业态的主要特征表现为一种单一性，即早期的出版者是集印刷、发行二者于一身的。晚清一些规模较大的出版机构则开始有了分设的印刷所和发行所。

表 6-6 晚清上海地区出版机构及其位置④

出版机构名称	发行所位置	印刷所位置	备 注
商务印书馆	棋盘街	宝山路	
文明书局	棋盘街	棋盘街	两所分设

① 阿英：《晚清小说史》，北京：东方出版社，1996 年，第 2 页。

② 方汉奇主编：《中国新闻事业通史（第 1 卷）》，北京：中国人民大学出版社，2000 年，第 938 页。

③ 黄林：《晚清新政时期出版业研究》，湖南师范大学博士论文，2004 年，国家图书馆藏，第 101 页。

④ 潘建国：《清代后期上海地区书局与晚清小说》（博士后报告），第 57 页。

续表

出版机构名称	发行所位置	印刷所位置	备　注
中国图书公司	四马路	四马路	两所分设
有正书局	望平街	威海卫路	
鸿文书局	望平街	宁波路	
鸿宝斋	四马路	威海卫路	
锦章图书馆	棋盘街	打铁浜	穿心街另设有总批发所
著易堂	棋盘街	石皮弄	

从表 6-6 可以看出，这些出版机构的印刷所和发行所是分设的，而且不在一个地方（文明书局和中国图书公司例外）。印刷所和发行所机构分设是出版机构功能分化、完善的体现，也是出版业分工的体现。

出版业的分工还体现在一些小说的出版过程中（见表 6-7）。

表 6-7　部分晚清小说出版的书局与发行、印刷所

小说书名	总发行所	本埠发行所	印刷所
新列国志	改良小说社	集成图书公司、南洋官书局	汇通信记书局
新官场现形记	改良小说社	集成图书公司、南洋官书局、鸿文书局	集成图书公司
新七侠五义	改良小说社	集成图书公司、南洋官书局	集成图书公司
孽海花（11—20 回）	小说林	小说林	作新社
新痴婆子传		新新小说社	国光活版所
侠客谈	秋星社	秋星社	时中书局
新镜花缘	鸿文书局	鸿文书局	汇通书馆

此表根据潘建国的“部分晚清小说出版的书局分工表”整理而来①。表中的“总发行所”是小说的版权所有者，这基本就类似现在的出版社。总发行所的出现说明出版专业分工基本完成。潘先生的表中共收录了 60 种小说的出版情况，这些资料是他根据所见的晚清小说版权页整理而成的。从这些小说的版权记录来看，除商务印书馆的小说外，其他小说的

① 潘建国：《清代后期上海地区书局与晚清小说》（博士后报告），第 58—61 页。

"总发行所"、"本埠发行所"、"印刷所"都不是一家，这说明出版行业的分工已经基本成形。

对于出版业来说，发行，也就是出版物的销售，是非常重要的。晚清小说出版基本是以市场为导向的，各书局对小说的销售均给予了高度重视，销售手段不断创新，推出了连锁零售、预约定购、分期付款、同业批发、函售邮购等多种行销方式。在这些销售方式中，零售是最基本的，各书局都在这方面下大力投入。一些规模较大的出版机构都通过设立分支机构和委托其他机构的方式建立自己的零售网络。这方面最有成效的是商务印书馆。1907 年 5 月 25 日出版的《东方杂志》上刊载了商务印书馆外埠书籍代售处名录。这份名录包括 230 余家书局、报馆、图书馆、商栈，遍及海内外 90 多个地区，构成了一个空前庞大的销售网络①。这个网络既是商务印书馆的销售网络，在一定程度上也是一个共享的出版物销售市场。一定规模的销售网络和销售市场的形成既是出版业发展的前提，也是这一行业成熟的标志。从这个角度来说，晚清兴旺的小说出版对近代出版的转型具有突出的意义。

2. 传教士出版在近代出版史中的地位

传教士出版在近代出版发展中起到什么作用，该如何评价其在近代出版史中的地位呢？要回答这一问题，不可回避传教士出版在晚清三大出版中的表现。

中国近代的教科书是由传教士引入的，教科书出版也是由传教士开始的②，但传教士的教科书出版始终没有突破教会学校的范围。即使是在教会办的学校中，传教士出版的教科书也没有取得主导地位。晚清的教科书出版基本上由国人自办的商业出版机构和学部及官书局主导，在教科书出版领域，基本上没有传教士出版的空间和地位。

传教士的期刊出版是一大特色，但在晚清的报刊出版高潮中，传教士报刊几乎显得无足轻重。从数量上看，1898 年以后创办的 655 种报刊中，传教士报刊只有 28 种，所占比例只有 4%。即使在维新运动中，传教士报刊在数量上也很少。如 1895 年到 1898 年的 3 年间，全国出版的中文报刊 120 种，其中约有 80%是中国人自己办的，传教士及外国商人办

---

① 《东方杂志》1907 年 5 月 25 日。

② 本书第五章对此已有论述。

的报刊只占20%[①]。《万国公报》是传教士在维新运动时期办的最有影响的期刊，但与同时期的《时务报》相比，其发行量和影响都要逊色不少。《万国公报》的发行量最高只是接近4 000份，但1896年8月9日创刊的《时务报》半年后发行量就达7 000份，一年后增至1.2万份，最多时达到1.7万份，海内外设立的代销处有100所，成为全国发行量最高，影响最大的期刊[②]。

虽然傅兰雅1895年也举办过小说征文，传教士也办有《小孩月报》等类似的文学性期刊，一些传教士报刊中也有一些文学性的内容，但由于受传教士出版使命的局限和束缚，从总体上讲，在晚清的小说出版高潮中，几乎不见传教士出版的踪影。

显然，传教士出版在晚清三大出版领域的地位和影响是极其有限的，这直接影响了其在中国近代出版史中的地位和作用。

维新运动之前传教士出版的地位和影响又是怎样的呢？有研究者在论及晚清出版业的进程时说："维新运动之后，中国知识界在出版业中逐渐占据最主要地位，西方传教士已无法像维新以前那样控制中国出版业。……中国的出版业已开始由中国人占主导，中国出版业由外人把持的时代已经结束了。"[③]更有论者说"外国传教士的出版业几乎垄断我国出版界40年之久"[④]。从本书第四、五章介绍的情况来看，其实在维新运动之前，传教士的出版活动也就是办了一些印刷机构，出版了一些报刊，组织了几个学会。无论从规模数量还是影响地位来说，传教士出版是谈不上"主导"、"把持"或"垄断"中国出版的。

一些研究者在论及传教士出版的地位和影响时，往往存在四个方面的问题。

一是对传教士出版本身没有整体上的客观掌握。对一些基本问题，

---

① 方汉奇主编：《中国新闻事业通史（第1卷）》，北京：中国人民大学出版社，2000年，第539页。

② 方汉奇主编：《中国新闻事业通史（第1卷）》，北京：中国人民大学出版社，2000年，第559页。

③ 史春风、李中华：《晚清出版业的近代化历程》，《滨州教育学院学报》2001年第2期。

④ 宋原放：《关于中国编辑出版史的几个问题》，武汉：《出版科学》，1994年第2期。

如传教士办了哪些出版机构、这些出版机构是如何运作的、传教士出版的特征和性质是什么等均无确切了解。如有多种论述说墨海书馆是一家现代化的出版社。从本书第四章所叙述的有关墨海书馆的内容来看，墨海书馆的“现代”主要是其所使用的机器印刷，墨海书馆只是一个附属于教会机构的印刷机构，以一个“出版社”的要求来看，它还是很不完备的。

二是对近代出版史缺乏整体的客观把握。有研究者说：“在19世纪以来中国出版业现代化进程中，西方传教士办的出版机构、现代民营出版企业先后成为出版业的主体。”①在进入20世纪之前，中国出版业的主体（出版者、出版机构）结构并没有实质性的改变，只不过是新增加了一些出版主体，传教士办的出版机构就是这种新增的出版主体之一。这些出版主体尽管十分引人注目，但并没有成为占主导地位的出版主体。即使是进入20世纪后的最初十年，所谓的“现代民营出版企业”也没有成为“出版业的主体”。

上海是中国近代出版最具代表性的地方。上海在历史上并不是一个出版业发达的地方，只是近代以后才发展为中国出版的最重要地区。上海地区出版业的兴起始于清同治、光绪年间，其主要的标志就是出版机构（书局）的迅速增加。这些新出现的出版机构可分为三类：其一为从江浙地区迁入的书局，如扫叶山房；其二为国人新开的书局，如千顷堂等，这类机构也包括洋务派办的一些官方出书机构；其三是外国人办的出版机构，如美华书馆、点石斋书局等。这些新起的出版机构中，数量最多的还是国人自己办的书局，最主要的还是传统的书局。这可以从《申报》上的书局开业广告得到佐证。1885年—1889年间在《申报》上刊登开业广告的书局共有51家，其中1887年开业的最多，有22家，分别是：

瓶山草堂书局　鸿文书局　大同书局　三苍书局　蜚英馆石印书局

五岳堂　图书集成印书局　广百宋斋　慎记书局　青云堂

石仓书局　大文书局　清华书局　龙文书局　同和书局

鸿宝斋书局　天章书局　文远阁书局　文运书局　万珍书局

---

① 邓咏秋：《中国出版业现代化研究：1800—1949》，北京大学博士论文，2005年，国家图书馆藏，第46页。

森宝书局　耕石斋书局

这22家书局中除蜚英馆石印书局外，都是国人开办的。

上海档案馆馆收藏有两份晚清上海书业档案。一份是1906年的《清朝书业公所同业挂号原函汇存簿》[1]，收录书局119家；另一份是1911年的《本埠各号各局各印刷所牌号》[2]，收录书局150家。这两份材料原本是书业公所各成员的通信联系地址，但实际上可说是一种书局名录。这两份材料显示，晚清上海的书局主要是国人自己开办的，至少从出版主体来看，传教士出版机构其实是占有很小份额的。另外，晚清上海出版业有两个行业组织，一是上海书业公所，是一个以传统木刻业及墨色石印业为主的同业组织，另一个是上海书业商会，以铅印书局和彩印机构为主。目前未能查到上海书业商会的相关档案，但上海书业公所的两份档案中都可见到商务印书馆、集成图书公司、申昌书室、点石斋书局等著名出版机构的名字，这说明上海书业公所在出版界较有影响，较有代表性。因此，我们说"在19世纪以来中国出版业现代化进程中……现代民营出版企业先后成为出版业的主体"也是很值得怀疑的。

三是没有对传教士出版与外国商人办的出版加以区分。如有论者说："教会出版机构为近代中国出版企业提供了可资借鉴的管理和经营样板。"[3]传教士办出版在经营管理上主要实行的是事业运行模式，为中国出版企业提供可资借鉴的管理和经营样板的，应该是外国商人办的出版企业，如《申报》馆及其所办的点石斋书局等。

四是把外人在某一方面的暂时主导说成是对一个时期整个出版业的主导。近代意义的报纸和期刊的确是由外国商人和传教士引入的，在一定时期内外人所办的报纸和期刊是居于主导地位的。报纸与出版有一定的距离，这里暂且不论。就期刊出版来说，因为期刊是由传教士引入的，一段时期内几乎所有的期刊都是由外人所出版。但就整个出版而言，期刊只是一部分，而且外人所出版的期刊数量也不多，影响不可高估。

本章的结论是：传教士出版对中国近代出版的影响是多方面的，但

---

① 上海市档案馆，档案号S313—1—118。

② 上海市档案馆，档案号S313—1—120。

③ 黄林：《晚清新政时期出版业研究》，湖南师范大学博士论文，2004年，国家图书馆藏，第31页。

最主要、最关键的影响在印刷方面。传教士出版通过对于中国近代印刷的影响从而对中国近代出版的发展产生了极大的推动作用。对于传教士出版在中国近代出版史的地位，我们应实际地、具体地分析，不可夸大，不可高估。

参考文献

一、图书类（按著作者姓氏拼音顺序排列）

（一）史料

[1] 申报 [N].（影印本）

[2] 万国公报 [N].（影印本）

[3] 东方杂志 [J].（影印本）

[4] 郭卫东. 近代外国在华文化机构综录 [M]. 上海：上海人民出版社，1993.

[5] 刘哲民. 近现代出版新闻法规汇编 [M]. 上海：学林出版社，1992.

[6] 宋原放. 中国出版史料（现代部分）[M]. 济南：山东教育出版社，武汉：湖北教育出版社，2001.

[7] 宋原放. 中国出版史料（近代部分）[M]. 武汉：湖北教育出版社，济南：山东教育出版社，2004.

[8] 宋原放. 中国出版史料（古代部分）[M]. 武汉：湖北教育出版社，济南：山东教育出版社，2004.

[9] 上海新四军历史研究会印刷印钞分会. 雕版印刷源流（第一辑）[A]. 中国印刷史料选辑 [C]. 北京：印刷工业出版社，1990.

[10] 上海新四军历史研究会印刷印钞分会. 活字印刷源流（第二辑）[A]. 中国印刷史料选辑 [C]. 北京：印刷工业出版社，1990.

[11] 上海新四军历史研究会印刷印钞分会. 历代刻书概况（第三辑）[A]. 中国印刷史料选辑 [C]. 北京：印刷工业出版社，1991.

[12] 上海新四军历史研究会印刷印钞分会. 装订源流和补遗（第四

辑）[A]．中国印刷史料选辑 [C]．北京：中国书籍出版社，1993.

[13] 史和．中国近代报刊名录 [M]．福州：福建人民出版社，1991.

[14] 徐蜀，等．中国近代古籍出版发行史料丛刊 [M]．北京：北京图书馆出版社，2003.

[15] 张静庐辑注．中国近现代出版史料（1—8）[M]．上海：上海书店出版社影印，2003.

（二）著作

[1] 陈玉申．晚清报业史 [M]．济南：山东画报出版社，2003.

[2] 曹之．中国古籍编撰史 [M]．武汉：武汉大学出版社，1999.

[3] 曹之．中国印刷术的起源 [M]．武汉：武汉大学出版社，1994.

[4] 戴仁．上海商务印书馆 1897—1949 [M]．北京：商务印书馆，2000.

[5] 傅璇琮，谢灼华．中国藏书通史 [M]．宁波：宁波出版社，2001.

[6] 范慕韩．中国印刷近代史（初稿）[M]．北京：印刷工业出版社，1995.

[7] 范凤书．中国私家藏书史 [M]．郑州：大象出版社，2001.

[8] 范军．出版文化散论 [M]．武汉：湖北教育出版社，2004.

[9] 方厚枢．中国出版史话 [M]，北京：东方出版社，1996.

[10] 方汉奇．中国新闻事业通史 [M]．北京：中国人民大学出版社，2000.

[11] 方汉奇．中国新闻事业编年史 [M]．福州：福建人民出版社，2000.

[12] 方汉奇．中国新闻传播史 [M]．北京：中国人民大学出版社，2002.

[13] 方维保，汪应泽．徽州古刻书 [M]．沈阳：辽宁人民出版社，2004.

[14] 费夫贺，马尔坦．印刷书的诞生 [M]．李鸿志，译．桂林：广西师范大学出版社，2006.

[15] 高名凯，刘正琰．现代汉语外来词研究 [M]．北京：文字改革

出版社，1958.

[16] 戈公振. 中国报学史 [M]. 北京：生活·读书·新知三联书店，1955.

[17] 顾长声. 传教士与近代中国 [M]. 上海：上海人民出版社，1981.

[18] 顾长声. 从马礼逊到司徒雷登 [M]. 上海：上海书店出版社，2005.

[19] 顾长声. 马礼逊评传 [M]. 上海：上海书店出版社，2006.

[20] 顾卫民. 基督教与近代中国社会 [M]. 上海：上海人民出版社，1996.

[21] 郝秉键. 19 世纪晚期中国民间知识分子的思想：以上海格致书院为例 [M]. 北京：中国人民大学出版社，2005.

[22] 洪九来. 宽容与理性：《东方杂志》的公共舆论研究：1904—1932 [M]. 上海：上海人民出版社，2006.

[23] 黄镇伟. 中国编辑出版史 [M]. 苏州：苏州大学出版社，2003.

[24] 何凯立. 基督教在华出版事业（1912—1949） [M]. 陈建明，王再兴，译. 成都：四川大学出版社，2004.

[25] 胡从经. 晚清儿童文学钩沉 [M]. 上海：少年儿童出版社，1982.

[26] 吉少甫. 书林初探 [M]. 上海：上海三联书店，1995.

[27] 吉少甫. 书林初探（增订本） [M]. 上海：上海三联书店，2001.

[28] 梁元生. 林乐知在华事业与《万国公报》[M]. 香港：中文大学出版社，1978.

[29] 李明山. 中国近代版权史 [M]. 开封：河南大学出版社，2003.

[30] 李瑞良. 中国出版编年史 [M]. 福州：福建人民出版社，2004.

[31] 李瑞良. 中国古代图书流通史 [M]. 上海：上海人民出版社，2000.

[32] 李晋林，等. 山西古籍印刷出版史志 [M]. 北京：中央编译出

版社，2000.

［33］李致忠. 历代刻书考述［M］. 成都：巴蜀书社，1990.

［34］李致忠. 古代版印通论［M］. 北京：紫禁城出版社，2000.

［35］李志刚. 近代中国基督教文化掠影［M］. 北京：今日中国出版社，1997.

［36］李家驹. 商务印书馆与近代知识文化的传播［M］. 北京：商务印书馆，2005.

［37］勒戈夫，等. 史学研究的新问题新方法新对象［M］. 郝名玮，译. 北京：社会科学文献出版社，1988.

［38］刘家峰. 离异与融合：中国基督徒与本色教会的兴起［M］. 上海：上海人民出版社，2005.

［39］刘尚恒. 徽州刻书与藏书［M］. 扬州：广陵书社，2003.

［40］林金水. 福建对外文化交流史［M］. 福州：福建教育出版社，1997.

［41］林穗芳. 中外编辑出版研究［M］. 武汉：华中师范大学出版社，1998.

［42］来新夏，等. 中国古代图书事业史［M］. 上海：上海人民出版社，1990.

［43］来新夏. 中国近代图书事业史［M］. 上海：上海人民出版社，2000.

［44］罗树宝. 中国古代印刷史［M］. 北京：印刷工业出版社，1993.

［45］马西尼. 现代汉语词汇的形成——十九世纪汉语外来词研究［M］. 黄河清，译. 上海：汉语大词典出版社，1997.

［46］马国亮. 良友忆旧：一家画报与一个时代［M］. 北京：生活·读书·新知三联书店，2002.

［47］马光仁. 上海新闻史［M］. 上海：复旦大学出版社，1996.

［48］孟令兵. 老上海文化奇葩：上海佛学书局［M］. 上海：上海人民出版社，2003.

［49］缪咏禾. 明代出版史稿［M］. 南京：江苏人民出版社，2000.

［50］潘建国. 古代小说文献丛考［M］. 北京：中华书局，2006.

［51］钱存训. 中国古代书籍纸墨及印刷术［M］. 北京：北京图书馆

出版社，2002.
[52] 钱存训. 中国纸和印刷文化史 [M]. 郑如斯，编订. 桂林：广西师范大学出版社，2004.
[53] 钱存训. 书于竹帛 [M]. 上海：上海书店出版社，2002.
[54] 任继愈. 中国藏书楼（全三册） [M]. 沈阳：辽宁人民出版社，2001.
[55] 商务印书馆. 商务印书馆九十年 [M]. 北京：商务印书馆，1987.
[56] 商务印书馆. 商务印书馆九十五年 [M]. 北京：商务印书馆，1992.
[57] 商务印书馆. 商务印书馆一百年 [M]. 北京：商务印书馆，1997.
[58] 宋原放，等. 上海出版志 [M]. 上海：上海社会科学院出版社，2001.
[59] 宋应离. 中国期刊发展史 [M]. 开封：河南大学出版社，2000.
[60] 史春风. 商务印书馆与中国近代文化 [M]. 北京：北京大学出版社，2006.
[61] 苏精. 马礼逊与中文印刷出版 [M]. 台北：台湾学生书局，2000.
[62] 田建平. 元代出版史 [M]. 石家庄：河北人民出版社，2003.
[63] 汤森. 马礼逊——在华传教士的先驱 [M]. 王振华，译. 郑州：大象出版社，2002.
[64] 谭树林. 马礼逊与中西文化交流 [M]. 杭州：中国美术学院出版社，2004.
[65] 王澄. 扬州刻书考 [M]. 扬州：广陵书社，2003.
[66] 王林. 西学与变法——《万国公报》研究 [M]. 济南：齐鲁书社，2004.
[67] 王绍曾. 近代出版家张元济 [M]. 北京：商务印书馆，1984.
[68] 王秉钦. 20 世纪中国翻译思想史 [M]. 天津：南开大学出版社，2004.
[69] 王清原，等，编纂. 小说书坊录 [M]. 北京：北京图书馆出版

社，2002.

[70] 王建军. 中国近代教科书发展研究 [M]. 广州：广东教育出版社，1996.

[71] 王建辉. 文化的商务——王云五专题研究 [M]. 北京：商务印书馆，2000.

[72] 王伯敏. 中国版画史 [M]. 石家庄：河北美术出版社，2002.

[73] 王立新. 美国传教士与晚清中国现代化 [M]. 天津：天津人民出版社，1997.

[74] 王尔敏. 上海格致书院志略 [M]. 香港：中文大学出版社，1980.

[75] 王芝琛，刘自立. 1949 年以前的大公报 [M]. 济南：山东画报出版社，2002.

[76] 王扬宗. 傅兰雅与近代中国的科学启蒙 [M]. 北京：科学出版社，2000.

[77] 王云五. 岫庐八十自述 [M]. 台北：商务印书馆，1967.

[78] 王云五. 商务印书馆和新教育年谱 [M]. 台北：商务印书馆，1973.

[79] 汪家熔. 商务印书馆史及其他 [M]. 北京：中国书籍出版社，1998.

[80] 汪家熔. 汪家熔出版史研究文集 [M]. 北京：中国书籍出版社，1998.

[81] 汪家熔. 近代出版人的文化追求——张元济、陆费逵、王云五的文化贡献 [M]. 南宁：广西教育出版社，2003.

[82] 魏隐儒. 中国古籍印刷史 [M]. 北京：印刷工业出版社，1988.

[83] 吴永贵. 中国新图书出版业的文化贡献 [M]. 武汉：武汉大学出版社，1998.

[84] 项翔. 近代西欧印刷媒介研究——从古腾堡到启蒙运动 [M]. 上海：华东师范大学出版社，2001.

[85] 西格弗里·翁译尔德. 歌德与出版商 [M]. 张世广，刘越莲，译. 昆明：云南人民出版社，2001.

[86] 熊月之. 西学东渐与晚清社会 [M]. 上海：上海人民出版

社，1994.
[87] 肖东发. 中国编辑出版史 [M]. 沈阳：辽宁教育出版社，1996.
[88] 肖东发. 中国图书出版印刷史论 [M]. 北京：北京大学出版社，2001.
[89] 肖东发，方厚枢. 中国编辑出版史 [M]. 沈阳：辽海出版社，2003.
[90] 谢天振，查明建. 中国现代翻译文学史（1898—1949） [M]. 上海：上海外语教育出版社，2004.
[91] 谢其章. 漫话老杂志 [M]. 济南：山东友谊出版社，2000.
[92] 叶再生. 中国近代现代出版通史（四卷）[M]. 北京：华文出版社，2002.
[93] 叶再生. 出版史研究（1—6 辑） [M]. 北京：中国书籍出版社，1997.
[94] 叶宁曼瑛. 从翰林到出版家：张元济的生平与事业 [M]. 香港：商务印书馆，1992.
[95] 叶树声，余敏辉. 明清江南私人刻书史略 [M]. 合肥：安徽大学出版社，2000.
[96]《北京出版史志》编辑部. 北京出版史志（第十五辑）[M]. 北京：北京出版社，2000.
[97] 杨扬. 商务印书馆：民间出版业的兴衰 [M]. 上海：上海教育出版社，2000.
[98] 姚福申. 中国编辑史 [M]. 上海：复旦大学出版社，1990.
[99] 姚福申. 中国编辑史（修订版） [M]. 上海：复旦大学出版社，2004.
[100] 张秀民. 中国印刷术的发明及其影响 [M]. 上海：上海人民出版社，1958.
[101] 张秀民，龙顺宜. 活字印刷史话 [M]. 北京：中华书局，1979.
[102] 张秀民，韩琦. 中国活字印刷史 [M]. 北京：中国书籍出版社，1995.
[103] 张秀民. 中国印刷史 [M]. 上海：上海人民出版社，1989.

[104] 张秀民. 中国印刷史（修订本）[M]. 杭州：浙江古籍出版社，2006.

[105] 张树年，等. 张元济日记（全二册）[M]. 北京：商务印书馆，1981.

[106] 张树年. 张元济年谱 [M]. 北京：商务印书馆，1991.

[107] 张树年. 我的父亲张元济 [M]. 上海：东方出版中心，1997.

[108] 张人凤. 智民之师——张元济 [M]. 济南：山东画报出版社，2001.

[109] 张人凤. 张元济古籍书目序跋汇编 [M]. 北京：商务印书馆，2003.

[110] 张之洞，撰. 书目答问补正 [M]. 范希曾，补正. 扬州：广陵书社，2007.

[111] 张静庐. 在出版界二十年 [M]. 上海：上海书店出版社，1984.

[112] 张学继. 出版巨擘——张元济传 [M]. 杭州：浙江人民出版社，2003.

[113] 张志强. 20 世纪中国的出版研究 [M]. 南宁：广西教育出版社，2004.

[114] 张树栋，等. 简明中华印刷通史 [M]. 桂林：广西师范大学出版社，2004.

[115] 章开沅，罗福惠. 比较中的审视：中国早期现代化研究 [M]. 杭州：浙江人民出版社，1993.

[116] 章开沅，马敏. 基督教与中国文化丛刊（1—5 辑）[M]. 武汉：湖北教育出版社，2003.

[117] 章宏伟. 出版文化史论 [M]. 北京：华文出版社，2002.

[118] 中华书局编辑部. 我与中华书局 [M]. 北京：中华书局，2002.

[119] 周振鹤. 晚清营业书目 [M]. 上海：上海书店出版社，2004.

[120] 周宝荣. 宋代出版史研究 [M]. 郑州：中州古籍出版社，2003.

[121] 周其厚. 中华书局与近代文化 [M]. 北京：中华书局，2007.

[122] 邹振环. 晚清西方地理学在中国——以 1815 至 1911 年西方地

理学译著的传播与影响为中心［M］．上海：上海古籍出版社，2000.

［123］邹振环．20世纪上海翻译出版与文化变迁［M］．南宁：广西教育出版社，2000.

［124］郑士德．中国图书发行史［M］．北京：高等教育出版社，2000.

［125］卓南生．中国近代报业发展史［M］．北京：中国社会科学出版社，2002.

［126］朱英．晚清经济政策与改革措施［M］．武汉：华中师范大学出版社，1996.

［127］朱联保．近现代上海出版业印象记［M］．上海：学林出版社，1993.

［128］中国印刷博物馆．中国印刷史学术研讨会文集［C］．北京：印刷工业出版社，1996.

［129］中国印刷博物馆．第5届中国印刷史学术研讨会论文集［C］．北京：北京印刷学院出版社，1999.

［130］中国印刷博物馆，等．中国印刷史研究文辑［C］．北京：北京印刷学院出版社，2001.

二、博士学位论文（按著作者姓氏拼音顺序排列）

［1］陈昌文．都市化进程中的上海出版业［D］．苏州：苏州大学博士学位论文，2002，国家图书馆藏．

［2］邓咏秋．中国出版业现代化研究：1800—1949［D］．北京：北京大学博士学位论文，2005，国家图书馆藏．

［3］邓文锋．晚清官书局研究［D］．北京：中国社会科学院清史所博士学位论文，2003，国家图书馆藏．

［4］黄林．晚清新政时期出版业研究［D］．长沙：湖南师范大学博士学位论文，2004，国家图书馆藏．

［5］林立强．美国传教士卢公明与晚清福建社会［D］．福州：福建师范大学博士学位论文，2004，国家图书馆藏．

［6］潘建国．清代后期上海地区书局与晚清小说［D］．博士后报告，国家图书馆藏．

［7］岳峰．架设东西方的桥梁——英国汉学家理雅各研究［D］．福

建师范大学博士学位论文，2003，国家图书馆藏.

[8] 孙广勇. 社会变迁中的中国近代教育会研究 [D]. 武汉：华中师范大学博士学位论文，2006.

[9] 王建. 明代出版思想史 [D]. 苏州：苏州大学博士学位论文，2001，国家图书馆藏.

[10] 杜衡. 清末图书新格局的形成及意义 [D]. 苏州：苏州大学硕士学位论文，2001，国家图书馆藏.

三、论文（按著作者姓氏拼音顺序排列）

[1] 曹之. "梓行"辩 [J]. 图书情报知识，1991，2.

[2] 陈超. 试论传教士报刊对中国近代报业发展的影响 [J]. 福建教育学院学报，2006，4.

[3] 陈凤. 西方传教士与中国报刊近代化 [J]. 池州师专学报，2004，2.

[4] 陈绛. 林乐知与《中国教会新报》[J]. 历史研究，1986，4.

[5] 程三国. 理解现代出版业 [N]. 中国图书商报，2002-10-11.

[6] 邓颖芝. 1815～1842 年来华传教士的办报活动及其影响 [J]. 成都教育学院学报，2003，11.

[7] 方厚枢. 历史回望：新中国出版科研的起步和发展 [J]. 中国出版，2003，2.

[8] 方彦寿. 明代刻书家熊宗立述考 [J]. 文献，1987，1.

[9] 方彦寿. 建阳刘氏刻书考（上、下）[J]. 文献，1988，1、2.

[10] 方彦寿. 闽北十四位刻书家生平考略 [J]. 文献，1993，1.

[11] 方彦寿. 明代建阳刻本广告刍议 [J]. 文献，2001，1.

[12] 郭延礼. 传媒、稿酬与近代作家的职业化 [J]. 齐鲁学刊，1999，6.

[13] 顾裕禄. 上海天主教出版概况 [J]. 出版史料，10（总）.

[14] 葛伯熙.《小孩月报》考证 [A]. 新闻研究资料：31. [C]. 北京：中国新闻出版社，1985.

[15] 韩琦. 十九世纪中文叠接活字研制史 [J]. 印刷科技，1995，11（4）.

[16] 胡适. 论初唐盛唐还没有雕版书 [J]. 出版史料，1990，1.

[17] 胡道静. 印刷术“反馈”与西方科学第二期东传的头一个据点：上海墨海书馆 [J]. 出版史料，11 (总).

[18] 胡卫清. 传教士教育家潘慎文的思想与活动 [J]. 近代史研究，1996，2.

[19] 贺子岳，许金. 文字传教与中国新出版业的形成 [J]. 湖北社会科学，2006，8.

[20] 吉少甫. “出版”考 [J]. 出版发行研究，1989，3.

[21] 吉少甫. “出版”考 (续) [J]. 出版发行研究，1991，5.

[22] 钱存训. 印刷术在中国传统文化中的功能 [J]. 文献，1991，2.

[23] 李兴才. 论中国雕版印刷史的几个问题 [J]. 中国印刷，1987，15.

[24] 李致忠. 敦煌遗书中的装帧形式与书史研究中的装帧形制 [J]. 文献，2004，2.

[25] 李致忠. 论雕版印刷术的发明 [J]. 文献，2000，2.

[26] 李国庆. 雕版题记一例 [J]. 文献，1993，2.

[27] 林穗芳. 明确“出版”概念，加强出版学研究 [J]. 出版发行研究，1990，6.

[28] 林穗芳. 有关出版史研究的几个问题 [J]. 出版史料，2003，2.

[29] 林伸郎. 日本的出版学研究：历史、现状及问题的焦点 [J]. 出版发行研究，1991，4.

[30] 刘辰. “出版”概念与出版史 [J]. 中国出版，1997，3.

[31] 刘杲. 对编辑史、出版史研究的一点想法 [J]. 中国出版，1999，6.

[32] 刘洪权. 20 世纪后半期中国出版史理论研究综述 [J]. 中国出版，2003，2.

[33] 刘光裕. 纸简并用考 [J]. 编辑之友，1998，4～6.

[34] 邵益文. 论编辑学与出版学、传播学的关系 [J]. 编辑之友，1995，4.

[35] 沈继成. 试论 19 世纪在华传教士的报刊活动 [J]. 华中师范大学学报 (人文社会科学版)，2002，6.

[36] 宋原放. 应该研究中国出版史 [J]. 出版史料, 1988, 1.

[37] 宋原放. 关于中国编辑出版史的几个问题 [J]. 出版科学, 1994, 2.

[38] 汪家熔. “印行”“出”“出版”[J]. 出版发行研究, 1989, 4.

[39] 汪家熔. 图书的定义 [J]. 出版发行研究, 1991, 1.

[40] 汪家熔. 出版史研究20年印象 [J]. 编辑之友, 2000, 3.

[41] 万启盈. 中国近代印刷业发展八题 [J]. 中国印刷, 1994, 4.

[42] 王益. 出版史研究浅议 [J]. 出版史料, 1990, 1.

[43] 王益. “出版”再探源 [J]. 出版发行研究, 1999, 6.

[44] 王波, 王锦贵. 论编辑学是出版学的分支 [J]. 编辑之友, 1999, 4.

[45] 王立达. 现代汉语中从日语借来的词汇 [J]. 中国语文, 1958, 68.

[46] 王立新. 晚清在华传教士教育团体述评 [J]. 近代史研究, 1995, 3.

[47] 王树槐. 清季的广学会 [A]. 近代史研究所集刊: 4 (上) [C]. 台北: 近代史研究所, 1974.

[48] 王振铎. 编辑、出版与编辑学、出版学 [J]. 编辑之友, 1995, 6.

[49] 王建辉. 中国近代出版史研究的回顾与思考 [N]. 中华读书报, 2001-10-24.

[50] 吴永贵. 2000—2005年中国出版史研究综述 [J]. 出版科学, 2006, 3.

[51] 吴道弘. 编辑史、出版史研究述评 [J]. 出版科学, 2002, (增刊).

[52] 汪文汉. 广学会是怎样的一个机构 (上) [J]. 出版史料, 12 (总).

[53] 汪文汉. 广学会是怎样和一个机构 (下) [J]. 出版史料, 22 (总).

[54] 魏玉山. 关于中国现代出版业诞生的几个问题 [J]. 出版发行研究, 1999, 5.

[55] 肖东发, 袁逸. 二十世纪中国出版史研究瞰 [J]. 北京大学学

报（哲学社会科学版），1999，2.

[56] 薛理勇. 美华书馆位置考 [J]. 档案与史学，2003，4.

[57] 薛钟英. "印刷"一词始用于宋代 [J]. 出版发行研究，1988，4.

[58] 薛钟英. 发行一词新证 [J]. 出版发行研究，1988，6.

[59] 薛钟英. "发行"一词源流考 [J]. 出版发行研究，1988，2.

[60] 严昌洪.《察世俗每月统计传》不是我国第一份近代报刊 [A]. 新闻研究资料（总第五十辑）[C]. 北京：中国社会科学出版社，1990.

[61] 叶斌. 上海墨海书馆的运作及其衰落 [J]. 学术月刊，1999，11.

[62] 张秀民. 雕版印刷开始于唐初贞观说 [J]. 社会科学战线，1979，3.

[63] 张秀民. 三论雕版印书始于七世纪唐贞观说 [J]. 中国印刷，1987，15.

[64] 张秀民. 论印刷史与印书史 [J]. 中国印刷，1991，11.

[65] 张树栋. 中国印刷历史研究上的新课题 [J]. 中国印刷，1994，4.

[66] 郑如斯. 书史研究与印刷史研究的联系与区别 [J]. 中国印刷，1994，4.

[67] 朱峰. 清季福州美以美会新闻出版业与文化交流//福建省炎黄文化研究会. 闽文化源流与近代福建文化变迁 [C]. 福州：海峡文艺出版社，1994.

[68] 朱光暄，薛钟英，王益. "出版"探源 [J]. 出版发行研究，1988，5.

[69] 朱文华. "发行"一词源流商榷 [J]. 出版发行研究，1988，4.

[70] 庄索原. 土山湾印书馆琐记 [J]. 出版史料，1987，4.

四、外文资料

[1] Adrian Johns. The Nature of the Book: Print and Knowledge in the Making [M]. Chicago: University of Chicago Press, 1998.

[2] Britton, Roswell S. The Chinese Periodical Press, 1800－1912 [M]. Shanghai: Chéng-wen Publishing Company, 1933.

[3] Cynthia J. Brokaw , Kai-wing Chow. Printing and Book Culture

in Late Imperial China [M]. Berkley: University of California Press, 2005.

[4] David Diringer. The Book Before Printing: Ancient, Medieval and Oriental [M]. New York: Dover Publications, Inc., 1982.

[5] David Finkelstein, Alistair McCleeery. An Introduction to Book History [M]. New York: Routledge Press Group, 2005.

[6] Elizabeth L. Eisenstein. The Printing Press as an Agent of Change: Communications and Cultural Transformations in Early-Modern Europe (complete in one volume) [M]. Cambridge: Cambridge University Press, 1980.

[7] Lewis, W. J. Records of the General Conference of the Protestant Missionaries of China: held at Shanghai, May 7-20, 1890 [M]. Shanghai: American Presbyterian Mission Press, 1890.

[8] LucienFebvre, Henri-Jean Martin. The Coming of the Book: The Impact of Printing 1450—1800 [M]. New York: Verso Co., 1997.

[9] McIntosh, Gilbert. The Mission Press in China [M]. Shanghai: American Presbyterian Mission Press, 1895.

[10] Yates, M. T. Records of the General Conference of the Protestant Missionaries of China: held at Shanghai, May 10-24, 1877 [M]. Shanghai: American Presbyterian Mission Press, 1878.